「イノベーターのジレンマ」の経済学的解明

伊神満

Estimating the Innovator's Dilemma

Mitsuru Igami

日経BP社

「イノベーターのジレンマ」の経済学的解明

Estimating the Innovator's Dilemma

「イノベーターのジレンマ」の経済学的解明——目次

第2章　共喰い

第3章　抜け駆け

第4章 能力格差

第5章 実証分析の3作法

第6章　「ジレンマ」の解明──ステップ①……需要

はじめに Foreword

私たちの世界は技術と可能性に満ち溢れている。しかし良い話ばかりではない。旧世代の会社や組織が破れ去った後には借金と失業者の山だ。

- 一時代を築いた「勝ち組」は、どうして新世代の技術・競争に出遅れがちなのか？
- では、どうしたら良いのか？
- 政府に果たせる役割はあるのか？

これらの「問い」が本書を貫くテーマである。

タイトルにある『イノベーターのジレンマ』（*The Innovator's Dilemma*、邦訳『イノベーションのジレンマ』翔泳社刊）は1997年のベストセラー。上記テーマについての良書である（ただし、未読でも全く問題ない)。ビジネス書にしては珍しく、今も人々の心を捕え続けている。その著者はハーバード大学のクレイトン・クリステンセン氏という、高名な**経営学者**だ。対する私は宿命のライバル校、イェール大学の**経済学者**である。2009年の夏に『イノベーターのジレンマ』を読んだ私は感銘を受けたが、同時に物足りなさも感じた。「テーマと事例は面白いが、理論も実証もゆるゆるだ。経済学的に煮詰める必要がある」

研究を始めて足かけ10年、ようやくその成果をお披露目するに到った。

したがって本書は経営学の一大トピックを最先端の手法で解明した「返歌」。「**経済学の本気**」をお見せしよう。

業界や職種に関わらず**ビジネスや政策に関わるすべての方々**に読んでいただけたらいいなと思っている。私にも短いながら日本でのサラリーマン経験があるので、さながら昔の同僚と久しぶりに飲みに行き、「退職後はこんな仕事をしてきました」と気安く語るようなつもりで書いた。だから何というかあくまで気楽な感じで、もし難しいところがあったら適当に飛ばしながらどんどん先に進んでほしい。

普段はビジネス書を読まない方々、たとえば「**世界のしくみ**」**に何となく興味がある中高大学生やその親御さん**にも、一読をオススメしたい。経済学の良いところは、1つの問題を深く掘り下げた結果、日々の生活から世界の歴史まで、あらゆる局面に応用可能な知見が得られることだ。

だから経済に全く興味がなくても、

- 「いろいろと進路に迷っている」

- 「ブラック企業に勤めているんだが、俺はもう限界かもしれない」

- 「危険な交際相手と別れたいけど、なかなか別れられない」

といった人生の岐路に立っておられる方にも、何かしら勇気みたいなものを提供できるかもしれない。

ついでに**本職の経済学者**にも自信を持って提供できる。脱線の多いフワフワとした（数式ゼロの）語り口ながらも、本書の骨子は私が毎春イェール大学経済学部で開講している「イノベーションの経済学」（The Economics of Innovation）という授業だ。

また本書後半の実証分析は、シカゴ大学（経済学の保守本流）の学術誌*The Journal of Political Economy* 2017年6月号に掲載された"Estimating the Innovator's Dilemma: Structural Analysis of Creative Destruction in the Hard Disk Drive Industry, 1981–1998"というハードコアな研究論文を、一般向けに噛み砕いたものである。

ミクロ・マクロ・計量経済学の応用例、あるいは産業組織論やイノベーション論の副読本と思っていただいてもよい。理論と実証の融合アプローチである「構造推計」の気楽な入門書として利用するのもアリだ。

読者がこれまで既に経済学に触れたことがあれば、内容の理解は深まるだろう。しかし必須ではない。新聞を読める語彙力（国語）と加減乗除の四則演算能力（算数）があれば大丈夫だ。だまされたと思って、とりあえず1章（あらすじ）を読んでみていただきたい。

第1章

Chapter 1

創造的破壊と「イノベーターのジレンマ」

Creative Destruction and the Innovator's Dilemma

古典の授業中は居眠りしていた人もいるだろうが、「諸行無常」や「盛者必衰」という言葉は脳裏に残っているかもしれない。

「奢《おご》れる者久しからず、ただ春の夜の夢のごとし」

勝者が敗者に堕ちて死ぬというストーリーは、軍記物語の基本設定らしい。

居眠りしていた人もそうでない人も、学生時代を過ぎると直面するのが現実の経済というものだ。ビジネスの世界もまた、没落企業や衰退産業であふれ返っている。

シリコンバレー（米国カリフォルニア州にある情報技術の世界的中心地）から新時代の勝者が生まれるたびに、不要となった旧世代はゴミ箱行きとなる。たとえば、

・アップル社のスマートフォンが出てくると、従来型の携帯電話が消えてゆく。
・アマゾン社の通信販売が取り扱い商品を増やすたびに、本屋が潰れ、デパートが閉店し、今やスーパーマーケットも呑み込まれようとしている。
・グーグル社がインターネット上の仮想空間に便利な新技術を投入するたびに、現実世界の仕事が消えてゆく。

こんなふうに、新しい技術が現れると旧い技術が廃れていく。それと歩調を合わせるように、新世代の企業が台頭すると旧世代の企業が（時には産業ごと）没落していく。

技術の世代交代とシンクロして企業や産業も世代交代していく。そういう歴史的パターンを指して経済学者は「**創造的破壊**」と呼ぶ。「創造的」というのは技術革新や新規参入のことで、「破壊」というのは競争に敗れた旧来の技術や既存企業が滅びていくことだ。

これが本書のテーマである。

創造的破壊は、今に始まったことではない。

・200年前にイギリスで起こった産業革命を皮切りに、先進各国で工業化が進んだ。というか、工業化に成功した国が「先進国」になった。工業化が遅れた国は滅ぼされたり、酷い目にあわされた。

・1万年前に始まった農耕・定住型のライフスタイルは、狩猟・遊牧民族を人類史の片隅に追いやってしまった。

・今から20万年くらい前、新人類は旧人類を駆逐した。

……まあ、ここまで来ると、ちょっと遡り過ぎかもしれないが、ようするに歴史上の大きな変化は、技術やプレイヤーの世代交代を伴うことが多いということだ。

創造的破壊の内幕

敗者たちも、手をこまぬいていたわけではない。

日本の従来型携帯電話は、同時期の他国の機器に比べると高性能で独自の進化を遂げていた。だからこそ、「ガラパゴス諸島のような特殊な品種と生態系」を指して「ガラケー」と呼ばれるに至った。著者がスマホ前夜（２００６年）のアメリカで暮らした時などは、当地の携帯の出来の悪さに辟易としたものだ。

ネット通販に押され気味な従来型の小売り店舗だって、自前の通販サイトを開設したりネット広告を打ったりしている。

ところがどっこい気付いてみれば、彼らの姿は消えている。「さらなる飛躍のための新事業戦略」や「社運を賭けたイノベーション」を語る経営者は多いが、振り返ってみれば、どこまで本気だったのか怪しいものだ。

・彼らは単に無能だったのか？
・株主や銀行家に対して嘘をついていたのだろうか？
・それとも何かもっと別の理由で、既存企業にとっては技術革新が難しいものなのだろうか？

前時代の覇者が往々にして新しい技術に対応しきれないのはなぜか。いかにもビジネス書向きのテーマだし、運がよければ株式投資に役立つ知見が得られるかもしれない。また、「一国の経済成長も、私たちの生活水準も、結局、最後は技術革新しだい」というのがマクロ経済学の初歩だから、

・イノベーション（技術革新）を担うのは誰なのか、
・どうしてそうなるのか、
・私たちは（私たちの会社は、私たちの政府は）一体どうしたらいいのか、

図表1-1　ハードディスクの世代交代

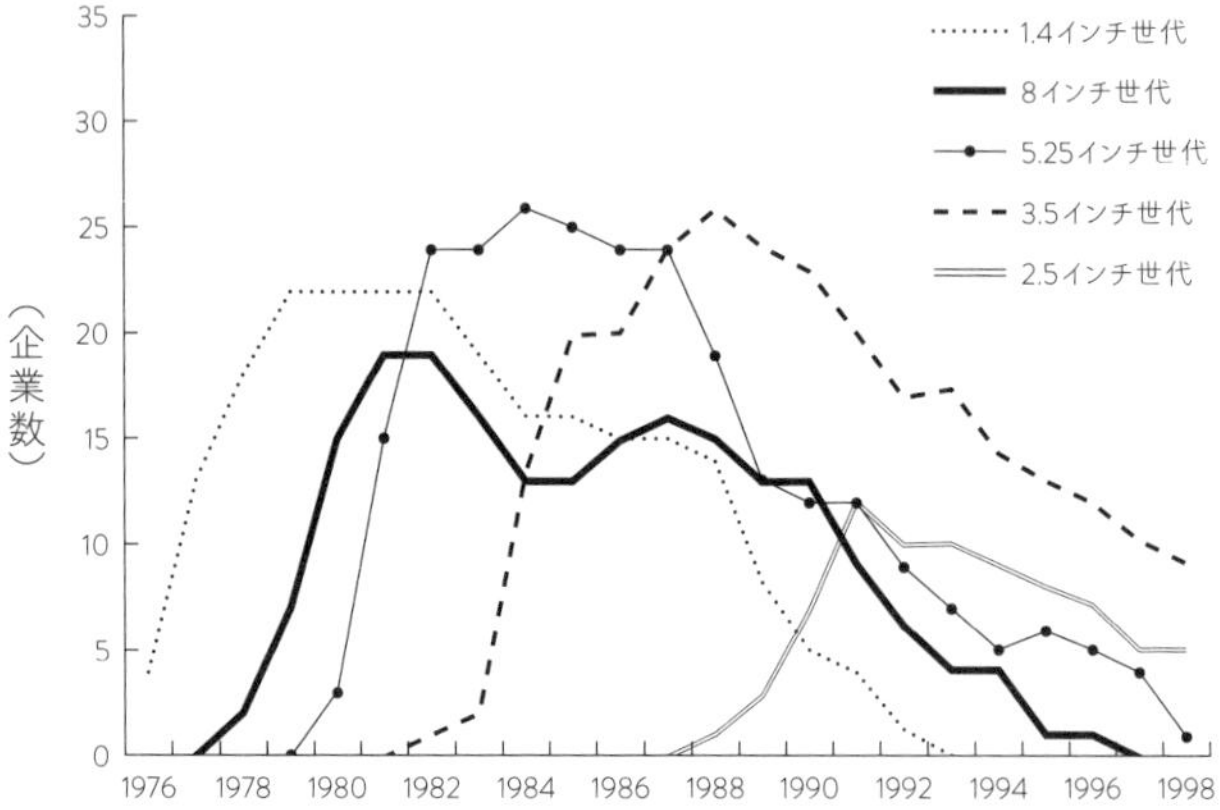

出所：Igami (2017)。

という問題は、学者や経営者だけではなく、すべての人に関わる大切な「問い」だと思う。これが本書の（具体的な）テーマである。

「イノベーターのジレンマ」

1997年に『イノベーターのジレンマ』がベストセラー書になった米ハーバード大学のクレイトン・クリステンセン氏は、このテーマに挑んだ経営史家である。同書は一般向けのビジネス書だが、その中身は彼の博士論文。ハードディスク駆動装置（HDD）業界を舞台に、旧世代の「勝ち組」企業が抱える組織的・心理的な問題を指摘した。

HDD業界は当時、世代交代の真っ最中だったから（図表1-1）うってつけの研究対象といえよう。

クリステンセンの取材対象は、旧世代とはいえ一度は勝者となったくらいだから、「優良企業」が多かった。優良企業ならではの弱点の一つは「有力顧客を多く抱えていること」だと彼は言う。普通ならば喜ばしい業績のはずだが、一体、何がまずいのか？

問題は、既存の大口顧客の求める製品以外は、社内的に傍流になってしまう点だ。社内的な「主力製品」が世間的にも主流であるうちは何の問題もない。しかし、新種の製品が登場し、世の中に広まっていくような局面では、この手の「勝ち組」企業の対応は後手に回りがちだ。経営陣には旧来の主力部門出身者が多いから、過去の成功体験に引きずられがちでもある。

かくして旧時代の覇者は、まさに勝者であったがゆえに、新時代への対応スピードが遅くなる。こうした既存企業における組織的・心理的バイアスが、クリステンセン仮説の主眼であった。

「バカだから失敗した」では説明不足

ここまでの論旨に同意してくれた読者には大変申し訳ないのだが、私をはじめ経済学者はこの手のストーリーが嫌いだ。大嫌いである。なぜなら、先の説明は煎じ詰めれば、「既存企業は失敗した。その原因は、経営陣がバカだったからだ」と言っているだけだからだ。

- 本当に彼らは、単にバカだったから失敗したのか？
- それとも失敗という結果を見た評論家が、勝手に「バカ」呼ばわりしているのか？

後者の可能性も無視できまい。

「能力」と「結果」の因果関係などというのは、そんなに簡単に実証できるものではない。業界誌を読んだり経営者にインタビューしたくらいでは（というのがクリステンセンの分析手法だった）、本来全く歯が立たないはずの実証課題である。

誤解してほしくないのだが、私は業界誌の精読や当事者へのインタビューを否定している訳ではない。それらは貴重な情報源だし、私自身も多用している手法だ。

またクリステンセン氏の著書の意義を否定している訳でもない。むしろ逆だ。『イノベーターのジレンマ』は賢い人間の書いた良質な本であり、まだ読んだことがない人は是非読むべきだろう。（ただし本書を読むうえでは未読でも全く問題ない。巻末の読書案内を参照されたい）

そして、先に触れた組織論や心理的バイアスについては、私自身のごく短いサラリーマン経験に照らしても頷ける点は多い。

だがしかし、それでもやっぱり「既存企業は失敗した。なぜならバカだったからだ」という説明では舌足らずである。

「失敗者は、失敗につながるようなバイアスを抱えていたからこそ、失敗したのだ」というのは、ほとんどトートロジー（同義反復）であり「後付けの経営学」に過ぎない。

成功者を持ち上げることも、失敗者をバカと呼ぶことも、一種の思考停止だ。そんなことは誰にでもできる。

本書はむしろ逆である。時間をかけて、じっくりロジック（論理）を考えてみよう。しっかり定量的なデータを集めてみよう。そして論理と現実とを丁寧に接続して、真の意味での「実証分析」をしてみよう。

新奇な結論や「今日から使える」ノウハウを求めるのではなく、「考える材料」を１つ１つ、手触りを確かめながら吟味する。そういう過程や「寄り道」を大事にしたい。そうやって見えてくる景色を共有できればと思う。逆説的だが（あくまで）その結果として、明日からあなたの仕事のやり方やプロジェクトの企画・実行・評価方法は、今までよりも鋭いものになるだろう。

また特にビジネス・経済に興味がない人でも、ひょっとしたら世界観とか人生観が少しだけ変わるかもしれない。

本書のあらすじ

ひょっとすると読者の中には、

- 「明日が中期経営計画の締め切りなので急いでいる。とりあえず結論だけ知りたい」という経営企画室長やコンサルタントとか、
- 「経済学は既に一通りマスターした。この本を買うか買わないかを立ち読み中に決めたいから、とりあえず要点を教えてほしい」という勉強熱心な学生

もいるかもしれない。

そういう多忙で切実な人向けに、本書の「あらすじ」をまとめておこう。

次章以降の雰囲気だけでも味わっていただければと思う。これは本書全体を通して言えることだが、専門用語やよく分からない点は無視して進んでもらって構わない。細かいことは抜きにしても、きっと何かを学んでいただけるはずだ。

イノベーションにまつわる論点をハッキリさせるために、まずは3つの経済理論になじんで

おこう。

1つ目の理論は「**置換効果**」と呼ばれている。

既存の企業は、既存の技術を使って、既存の製品を売っているが、ここに新技術を使って新製品を投入したからといって、売上が突然、2倍、3倍になるわけではない。単に新旧製品が世代交代するだけかもしれない。つまり、旧製品からの利益が新製品からの利益に「置き換わる」だけで、新製品と旧製品が「**共喰い**」する分、利益は大して増えないかもしれない。

翻って新参企業にとっては、ゼロからのスタートである。新技術ですること成すことすべてが利益の純増に繋がるのだから、それはやる気も出るだろう。

もう少し現実的な言い方をすると、一度成功してしまった大きなビジネスというのは、新しいことをやっても失う物が多いだけなので、いまいちやる気が出ない。

2つ目の理論は「**抜け駆け**」のゲーム理論と呼ばれるもので、1つ目に挙げた「置換効果」とは逆に、「既存企業こそが真っ先に新技術を買い占めてしまうはずだ」という仮説である。新参企業に先駆けて新技術を独占してしまえば、新たな競争相手の参入を未然に防止できる。一般論としては、競争相手は少なければ少ないほど儲かるのだから、是非そうすべきだ。

いっぽう新参企業にとっては、「首尾よく新技術を手に入れて新規参入できたとしても、せいぜい既存のライバルと市場を分かち合うことが出来れば御の字」くらいのものだろう。

だから、むしろ既存企業の方が血眼になって**先制攻撃**に走る、「新しい何か」が話題になるたびに片っ端から買収して回る、それくらいの勢いがあってしかるべきだ。(既存企業の失敗理由を探っていたはずなのに、なぜこんな逆方向の理論の話をしているかというと、そういう可能性もちゃんと織り込んだ上で問題の全体像を浮き彫りにしたいからだ)

具体的なイメージとしては、フェイスブック。友達のグルメ自慢や仕事自慢・家庭自慢がじゃんじゃん流れてきて心底うんざりするが、なかなかやめられない。そういう写真の投稿サイトとして一歩先を行っていたのがインスタグラムだが、フェイスブックはインスタグラムを吸収合併してライバルを未然に消した、というか抱き込んだ。

他にも、グーグルはディープマインドを傘下に収めた。シスコやマイクロソフトやゼネラル・エレクトリックは、毎年何件もハイテク系の新興企業をM&Aしている。

3つ目の理論は、企業間の「**能力格差**」についてである。

「創造的破壊」というキーワードを広めた経済学者のヨーゼフ・シュンペーター氏。ヨーロッパにいた青春時代は「新たな技術をもたらすのは起業家精神にあふれた新興企業である」みたいなことを熱弁していたが、海を渡ってアメリカで大御所になってしまうと、今度は「あの頃は俺も青かった。大企業の組織力と研究開発能力は凄い。残念ながら若きアントレプレナー(起業家)たちは早晩絶滅してしまうだろう。資本主義はもうおしまいだ」と急に枯れたことを言い出す。

彼の人生に一体何があったのかはさておき、実際問題、シャープとか東芝とか、ああいう感じに没落してしまった既存企業に欠けていたのは、「やる気」なのか、それとも「能力」なのか。純粋な「研究開発能力」の面で新参企業と既存企業のどちらに軍配が上がるのかは興味深い。

こうやって理論の有名どころを3つ並べてみると、仮説が錯綜して「綱引き」みたいになっている。

①既存企業は「共喰い現象」のせいで「置換効果」に後ろ髪を引っ張られている。
②一方で、未来のライバルに対する「先制攻撃」として、「抜け駆け」イノベーションに打って出るインセンティブにも、駆り立てられているはずだ。
③そして、純粋な研究開発能力においては、既存企業と新参企業のどっちが優れているのか、その答え次第で「共喰い」と「抜け駆け」のパワー・バランスも変わって来る。

綱引き状態にあるこれら3つの理論的「力」を、一体どうやって計測したらいいのだろうか？今度はそういう実証的な問題に行き当たる。

経済学には実証分析の「作法」というか、「何をもってマトモな分析と見なすか」について色々とハードルがある。皆さんの業界や専門分野の流儀とも比べてみてほしいが、経済学では3種類のアプローチが使われている。

まずは単純な「データ分析」。いわゆる**回帰分析**という統計手法で、たとえば「イノベーションの説明要因」を探りたいのであれば、数式の左辺に何かこう「イノベーション」っぽい変数（特許出願件数とか研究開発費用とか）を持ってきて、右辺には「既存企業ダミー変数」を用意したり、それっぽい代理変数で「共喰い度」とか「抜け駆け度」とか「開発能力」を織り込んであげよう。そうすれば一応、左辺と右辺の「相関関係を数値化」することが出来る。

イメージとしては次のような数式だ（ただのイメージなので理解したり暗記したりする必要はない）。

（イノベーション）＝ A ＋ B ×（企業の特徴）＋ C ×（産業の特徴）＋（統計的誤差）

最近流行っているデータ分析手法「**機械学習**」の多くも、原理は全く同じである。

ただしこの方法には問題点が2つある。

第1に、「イノベーションと競争」のように「ニワトリと卵」の関係にある変数には、本当は使ってはいけない。こういうケースでは、統計ソフトやアルゴリズムから出てくる数値には全く意味がない。これは原理的な問題なので、小手先で何をやってもダメだ。

2つ目の問題点として、「抜け駆けするインセンティブ」とか「純粋な研究開発能力」といった目に見えない抽象概念は、政府統計にも有価証券報告書にもマーケティングリサーチ資料にも掲載されていない。となると、適切な「ビッグ・データ」は存在しない。こういう場合、何かしら理論的な「補助線」を引いてあげないと、「概念」そのものは測れない。

第2のアプローチとして、**比較対照実験**はどうだろうか。

個別の消費者や労働者に対しランダムな「刺激」を与えて反応を調べるという手口である。こうして文字にすると意味不明というか、若干危険な香りもするが、そういう実験は今の世の中ではフツーに行われている。

一例としてJR東日本の駅ホームの自動販売機がある。自販機の前に立った人の顔色を見て、りんごジュースとか缶コーヒーとかをオススメしてくるやつだ。あれは、実は中に経済学者が入っている。といっても自販機そのものに人間が入っているわけではない。

私の同僚である上武康亮氏（イェール大学経営大学院）らの研究チームが、自販機のプログラムをいじって「オススメと売上の因果関係を測ってみよう」という実験をしていたのである。大ざっぱに言うと、こんな感じだ。

・ケース1：通勤客にマルチ・ビタミン飲料をオススメしてみた。
　↓　通勤客は実際にマルチ・ビタミン飲料を買った！
・ケース2：通勤客に何もオススメしなかった。
　↓　通勤客は何も買わなかった
・「オススメの効果」＝（ケース1－ケース2）
　＝マルチ・ビタミン飲料の購入

この手法は「新しい薬品の効果を計るために、患者さんに新薬を投与する」ような疫学実験にちなんだやり方で、「個人を対象にした」「小規模な現象」の分析にはうってつけである。ただ本書のテーマの場合、現実の企業や産業を、グローバル規模で長年観測する必要が出てくるため、ちょっと実験はできない。

人生をやり直せないのと同様、あるいは地球温暖化を実物の地球で実験するわけにはいかないように、「時間を巻き戻してシリコンバレーの歴史を1980年代からやり直す」という実験は、少なくとも今の人類には不可能だ。

ではどうするか。そういうときのために、**シミュレーション**という第3の方法がある。

イメージを掴んでいただくために、あえて経済現象以外の話をしよう。

「スカイダイビングにおけるパラシュート装着の効果」を測るために、比較実験を構想してみるとしよう。

手順①　被験者グループAには「正常なパラシュート」を装着させる。
手順②　被験者グループBには「開かないパラシュート」を装着させる。
手順③　両グループを、全く同じ条件下でスカイダイビングさせる。
手順④　生存者を数える（おそらくグループAは全員生還、グループBは全滅だろう）。
手順⑤　「グループAの生存率」と「グループBの生存率」の差を計算（ただの引き算）。

この差がすなわち「パラシュートが生存確率に及ぼす効果」の「科学的に根拠のある計測値」になるわけだが、こういう人体実験はいささか犠牲が大きすぎるし、研究者も逮捕されてしまう。

人命を犠牲にしたり研究者人生を棒に振ったりしなくても、もっと安上がりな方法がある。

図表1-2　実証分析の3作法

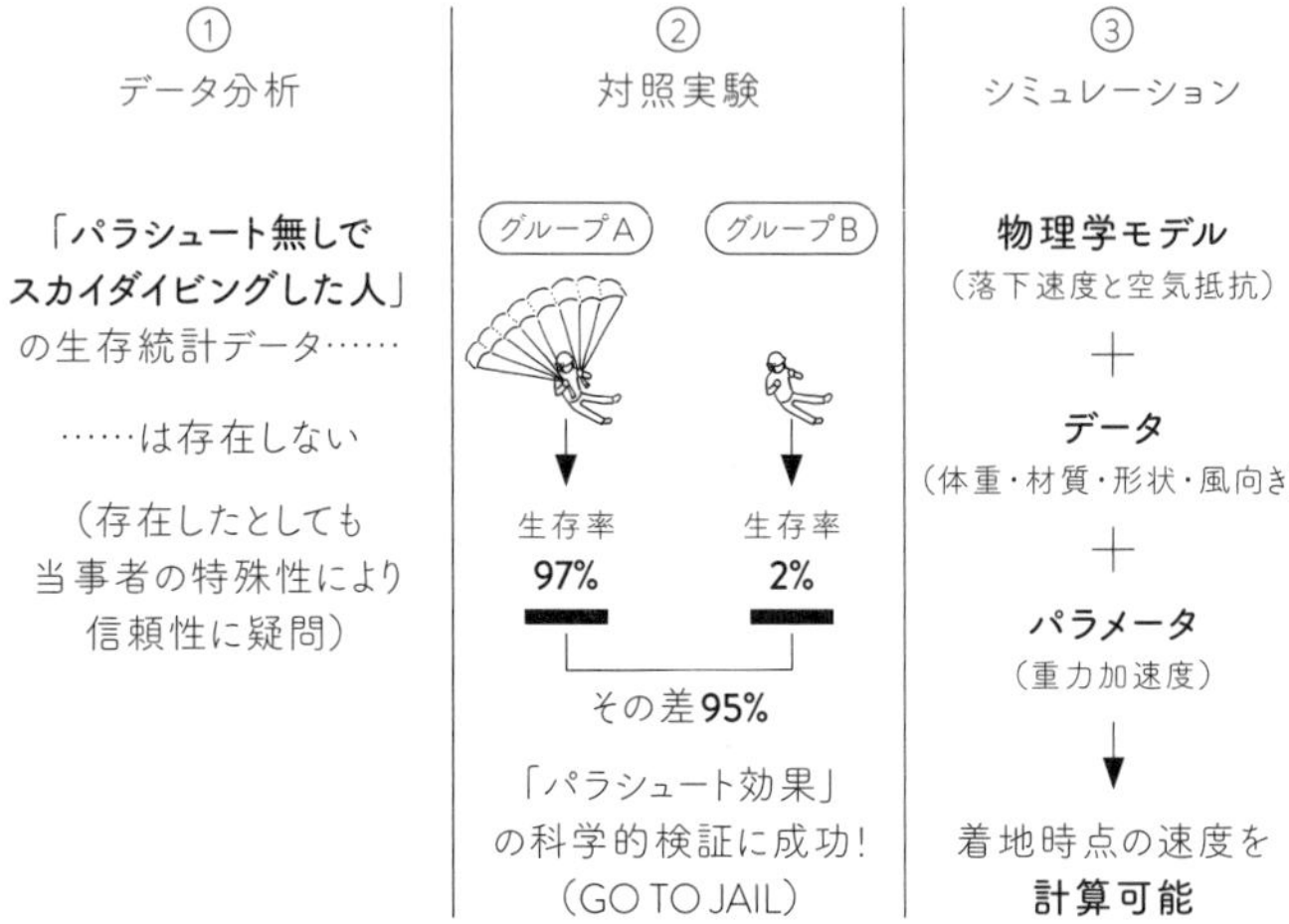

スカイダイバーの体型や体重を測って、重力とか高さとか風向きとか空気抵抗とか着地点の地形とかを織り込んだ「物理学モデル」に入れれば、落下速度とパターン、ひいては「パラシュートの効果」をシミュレーションできる。

「理論の補助線を使いながらデータを分析する」というわけだ。

とりあえず表にまとめると、こんな感じだ（図表1-2）。

「パラシュート効果」のシミュレーションと同じように、本書の研究でも「データを織り込み済みの経済学モデル」（数式と論理の集まり）を作り、その「箱庭」の中でいろいろとシミュレーションを行う。

具体例として、クリステンセン氏と同

じＨＤＤ業界のデータを分析した結果、

「既存企業の研究開発能力は新参企業よりも高い」

と判明した。ということは、「イノベーターのジレンマ」は「能力」の問題ではなく、むしろ「意欲」の問題だ。


各種のシミュレーション結果からは、次の３点が言える。

①共喰い現象は、深刻な影響を及ぼしている。
②抜け駆け戦略をとるインセンティブは顕著。
③研究開発能力そのものは、既存企業が優越。

つまり、

- たとえ研究開発能力が高くても、
- また、合理的かつ戦略的であっても、
- 新旧製品が共喰いを起こしている限り、

……既存企業はイノベーションに本気にはなれない。

では、どうすればいいのか？

「共喰いによる置換効果がかなり効いている」ということは、逆に言えば「共喰いの黙認あるいは助長」という方策が効果的かもしれない。こうすることで旧部門の没落は早まってしまうが、新部門の成功確率は高めることができる。既存企業本体の延命策としては、良い結果が期待できるかもしれない。

スローガン風にまとめるなら、

「創造的破壊を生き延びるには、創造的『自己』破壊の必要がある」

あるいは、

「生きるためには死ぬしかない」

と言い換えると禅問答の趣きがある。

個別企業の「経営」の話はこの辺で終わりだ。

しかしここで皆さんにも改めて考えてみていただきたいのは、「何をもって良しとするか」という根本的で大局的な、目標設定そのものである。

既存企業の存続が最優先なら「創造的自己破壊」を盛大にやってくれればいいが、世の中それがすべてではない。

そうではなくて、たとえば「企業価値の最大化」を真剣に追求するんだったら、必ずしもダラダラ生き延びることを優先してはいけない。そんなことに株主のお金（つまり私たちのお金）をつぎ込むくらいだったら、むしろ適当なところで切り上げて成り上がりの新参企業に身売りしていただき、まだ旧事業に価値があるうちに吸収合併してもらう方がマシかもしれない。

それからこんな物の見方もある。「社会全体のハッピーさを最大にするにはどうするか？」という観点だ。巷では、金の亡者とか冷血漢だと思われがちな経済学者だが、古典的な経済学においては、「世界人類の幸福最大化」こそが一番スタンダードで伝統的な価値観である。

で、ここが一番面白いところなのだが、そういう「社会みんなの効用最大化」みたいな視点から計算すると、現実のＨＤＤ業界というのは、割とバランス良く発展してきたことになる。

考えてみれば、技術革新を全企業が勢揃いして実行する必要なんてないわけで、やれる人がやる、やれる会社がやる。それで世の中、案外うまく回ってるみたいだなと。こういう計算結果になった。

最後に少しだけ「政府の役割」にも触れる。「技術や投資の目利きとして政府が音頭を取ってやろう」「派手に補助金をバラまこう」「税金でファンドごっこをしよう」という昔懐かしいタイプの政策よりも、

・地味な環境整備

を、しっかりやっていただきたい。

• 人々が勝手に何か新しく面白そうなことをやる「機運」を助長する（邪魔しない）ことの方が何百倍も価値がある。人や金の自由な流れも大切だ。あと、新しいことというのは、大体失敗するものだから、

• そこから立ち直りやすいように社会保障を整備する

とかである。

それから、これは政府がどうというより「世間の気分」的な話なのだが、成功者というものは一握りしか生まれないし、当然調子に乗る。そういう奴らを見ているのはあまり面白くないから、みんなで悪口を言うくらいは仕方ない。でもまあ

• 人の足を引っ張るのはそのぐらいにしておいた方が、社会全体としても調子に乗れる、という側面もある。

だから、成功した起業家に何やかや理由をつけて逮捕したり処刑したりする、世界にはそういうことを平気でやってしまう国も多いが、これはやらない方がいい。

以上が本書の「あらすじ」である。

次章以降も語り口は大体こんな感じだ。シリアスな話題と脱線話、それに専門的知見を適度にブレンドしつつ、総じて気楽な調子で最後まで進んでいく。

学術書や教科書というよりは、随筆とかエッセイに近い。

本書の構成

本書は全11章に分かれ、図表1-3のような構成になっている。

「イノベーションを担うのは誰なのか、どうしてそうなるのか」という問題設定が本書の主軸なので、まずはその点に関わる重要な理論を3つ、押さえておきたい。次章から3つの章をかけて一つ一つの理論を解説していく。

- 第2章「共喰い」（理論①）
- 第3章「抜け駆け」（理論②）
- 第4章「能力格差」（理論③）

図表1-3　本書のロードマップ

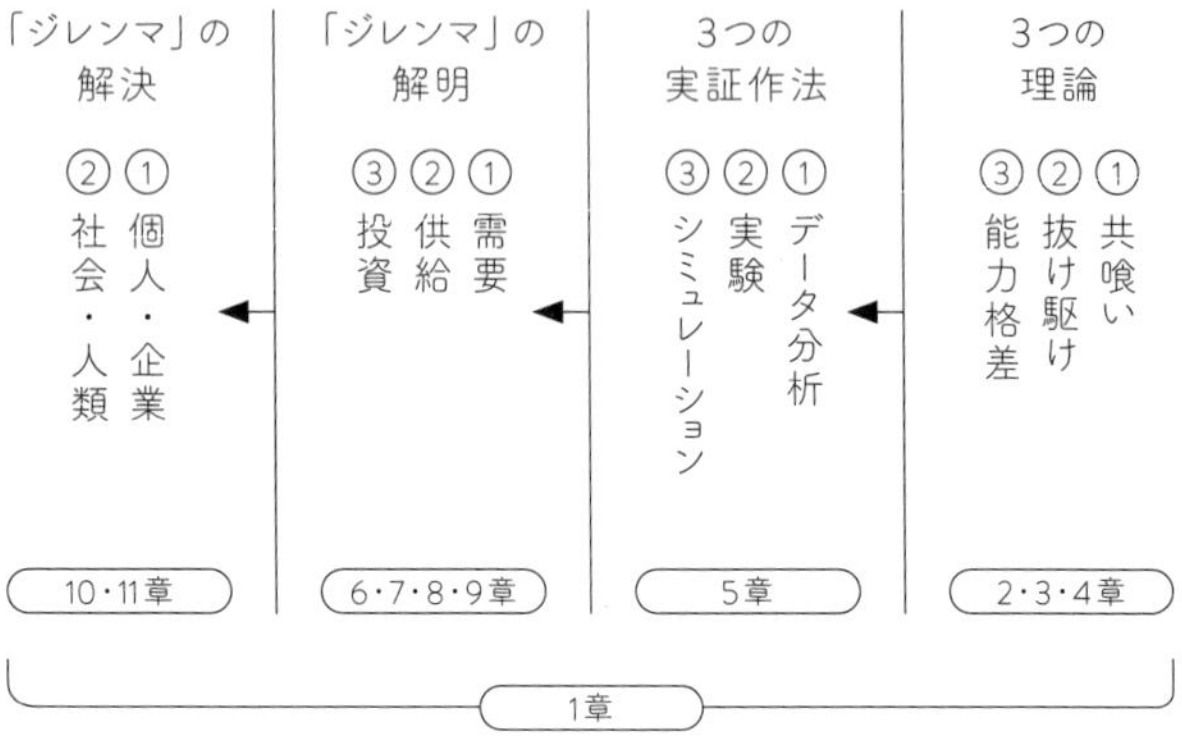

理論といっても、そんなに大げさなものではない。

「はじめに」で述べた通り、本書は経済学に触れたことのない人（や中学・高校で数学が苦手だった人）を主な対象として書かれている。3つの理論を紹介するに当たっては、ひたすら具体例（いろいろな業界・企業・製品についての短いエピソード）を積み重ねるというスタイルを貫いた。

これらの理論を念頭に置きつつ現実世界を分析するわけだが、その前に手法を解説しておく。

・第5章「実証分析の3作法」

現実世界の断片を私たちは「データ」と呼んでいる。なので広い意味ではすべての実証分析は「データ分析」ということになるが、話を整理する

上での便宜上、

①（狭義の）データ分析、
②対照実験、
③シミュレーション、

と3種類に分けておきたい。

本書の後半で実際に使うのは①と③に限られるものの、「因果関係を実証する」発想としては②も知っておいた方が良い。3つとも経済学では頻繁に用いられる手法だし、それらの考え方や注意点は、会社経営のみならず個人的な生活や人生にも役立つだろう。

これで下準備が整うので、6章・7章・8章・9章では本題に入る。「ジレンマ」の解明である。

クリステンセンが取材したHDD業界について定量的データを入手し、3つのステップを踏みながら理論と現実を結びつけていく。

- 第6章「需要」（分析ステップ①）
- 第7章「供給」（分析ステップ②）

- 第8章「動学的感性を養おう」
- 第9章「投資と反実仮想シミュレーション」（分析ステップ③・④）

「①需要」と「②供給」の分析は割と単純なので、各々ひとつの章（6章と7章）に納まっている。

それに比べて「③投資」を本格的に分析するためには、いろいろと準備が必要だ。過去・現在・未来という時間を通じた物事の変化を理解するべく、ダイナミックな（先を見越した）発想法を身につけてもらいたい。その準備が8章で、本番が9章である。

さらに9章では、シミュレーションも行う。強いて言えばこれは「分析ステップ④」に当たる。

ここまで読んでもらえると、「イノベーターのジレンマ」（どうして既存企業はイノベーションを先取りしてしまわないのか？）が解明される。

そうすると当然、

「ではどうしたらいいのか？」

という疑問が湧いてくる。この疑問について考えたのが、最後の2つの章だ。

- 第10章「ジレンマの解決」（個人・企業）

・第11章「ジレンマの解決」（社会・人類）

10章では個別企業や経営者・従業員・株主といった個々人、個別組織の視点で考える。そして11章では、視界をさらに広げて「売り手」（企業）だけではなく「買い手」（消費者）も含めた社会全体にとっての良し悪し、ひいては政府の役割なんかも射程に入ってくる。

気宇壮大と言うか、いささか風呂敷の広げ過ぎに聞こえるかもしれないが、あくまで気楽な本である。道のりは長くてもピクニック気分で大丈夫だ。

第2章 共喰い

Chapter 2 Cannibalization

冒頭からひどい喩えで恐縮だが、たとえばあなたが女好きだとしよう。べつに男好きでもいいし、あなた自身が男性か女性か中性かもどうでもいい。単なる、ものの喩えだ。世界には4人まで同時に妻帯できる国もあるらしい。だがうらやましいと思う人は少ないだろう。時間も気力も体力も、ましてや**予算は有限**だからだ。同時に相手にするのは1人（または任意の自然数N人）でいい。そしてそのN人を、あなたは選ばなければならない。ここが肝心だ。

たとえば、あなたがパン派でもご飯派でもなく「朝食には毎日シリアルを食べる派」だったとしよう。べつに中華でもイタリアンでもいい、単なるものの喩えだ。ホテルに泊まると、朝食がビュッフェ式で一品一品がすごく美味しいことがある。時間制限も量の制限もない。だがことさらありがたいとは思わない。私の**胃袋は有限**だからだ。カルビー社のフルーツ・グラノーラとケロッグ社のコーン・フレークがあればいい。それと同じように、あなたもあなたのお気に入りの朝食を選ばなければいけない。ここが肝心だ。

ここまでの話は選ぶ側、食べる側、**買い手サイド、つまり需要サイド**の話である。あれかこれか、限りある人生の中で我々は日々いろいろなことを選びながら生きている。

今度は選ばれる側、**売り手サイド、つまり供給サイド**の話をしよう。世の中には金髪好きの男がおり、黒髪好きの男がおり、茶髪好きの男がおり、スキンヘッド好きの男がいる。仮にあなたが男好きの「適齢期」女子で、婚活ウェブサイトに載せるプロフィール写真に悩んでいるとしよう。普段のあなた自身は髪を染めたり染めなかったり、短くしたり長くしたりしているかもしれない。そんなものは気分次第で好きにしたらいい。

しかし婚活市場には「売れ筋」というものが確かに存在する。好むと好まざるとにかかわらず、あなたの髪色と髪型のチョイス次第で、あなたに言い寄ってくる男の人数もタイプも変わってくる。それはすなわち、あなた自身にとっての配偶者の選択肢の幅を決めてしまうかもしれない。婚活コンサルタントは、こう語っている。

「ありのままの私をわかってほしい」と願うのは結構ですが、「ありのまま」の意味を履き違えてはいけません。あなたの考える「ありのまま」でうまくいかないのなら、自分を磨いて、

魅せ方をかえなくてはなりません。
（ひろん『崖っぷち女子が年収1000万円超の男性と結婚する方法』三笠書房、2015年）

いうまでもなく、あなたの頭髪は金髪・黒髪・茶髪・スキンヘッドの4種類を同時に達成することはできない。4種類のトッピングを選べるデリバリーピザのようにすれば、あるいは可能かもしれないが、それはもはや第五のヘアスタイルというべきだろう。とにかく、あなたが同時に出来ること、同時に提供できるヘアスタイルは限られている。このあたりが個人の限界だ。

共喰い現象

それでは大組織ならどうだろうか。仮に、あなたがケロッグ・ジャパンの経営者だったとしよう。コーン・フレークの売れ行きは好調だが、米国本社のトップに昇進するためには任期中に利益を倍増させるくらいの成果がほしいところだ。そこで新製品を投入してみようと考える。悪くないアイディアだ。世の中の健康志向は高まるばかりだから、コーン・フレークにビタミンCを練り込んで売るのはどうだろうか。ビタミンCだけではインパクトに欠けるから、ビタミンB_1・B_2・B_6とおまけにビタミンHも添加して、究極のマルチ・ビタミン製品「コーン・フレークZ」を売り出そう。運が良ければ特定保健用食品、通称トクホを消費者庁から認定してもらえるかもしれない。ゆくゆくケロッグ本社のCEOを引退した暁には「私の履歴書」を寄稿し「ヘルシー経営学」と題したビジネス書を出版しよう。

ここまでは頭の準備運動だ。さて本格的にコーン・フレークZを販売開始したらどうなるか。おそらく利益は倍増しない。スーパーマーケットやコンビニエンスストアの売り場面積は限られているから、**元祖コーン・フレーク**（以下「元祖」）と**コーン・フレークZ**（以下「Z」）は、商品棚のスペースを奪いあうことになるだろう。

そして、Zを買う人の多くは、既にそれまで元祖を愛用してきた消費者だから、Zの売上増加は元祖の売上減少を招く。もちろん、それまでケロッグ製品に見向きもしなかった消費者がヘルシーなZに手を伸ばしてくれるようになれば、会社全体の売上は微増くらいはするかもしれない。しかし新製品の開発には金がかかるし、新たな製造ラインも必要だ。最終的に全社レベルで利益が増えるかどうか、さほど勝率の高くない賭けになるだろう。

これが**共喰い**（カニバリゼーション）という現象だ。元祖とZは同じ顧客を奪い合う競合商品であり、新商品Zの投入はおおむね元祖を「代替」あるいは「置換」する。全社レベルで利益が増えないのであれば、わざわざZなどという新商品を投入する甲斐はない。

つまり、ケロッグ・ジャパンにとって新商品Zを投入するインセンティブ（動機・誘因）はさほど大きなものとはならないだろう。言い換えると、すでにヒット商品をもつ同社にとって、わ

アメリカのスーパーにある巨大なシリアル棚（著者撮影）

ざわざプロダクト・イノベーション（後述）をする理由はあまりない。

逆に、既存企業にとってイノベーションがしやすいのは、新旧製品が共喰いしないとき、経済学用語でいうと**新旧製品間の「代替性が低い」**ケースである。ところが、両製品のキャラ（キャラクター・特性）がかぶると、同じ消費者の奪い合いになるので共喰いが発生し、代替性は高い。要するに代替性とは**商品間の競合する度合い**のことである。

新参企業にとってはどうだろうか。新参企業はその名の通り、シリアル市場に新たに参入したプレイヤーであるから、既存製品などというものは販売していない。起業家が新たに創業したばかりの会社なのか、あるいは他業種の老舗が新たにシリアルを製造販売するようになったのか、その出自はどうでもいい。肝心なのは、彼らには既存製品がないという点だ。旧製品をもたないので、共喰いが発生する余地がない。新製品が売れれば売れるほど、シリアル事業全体の利益も純増する。失うものがないからだ。かくして、新参企業はイノベーションに積極的になりやすい、というかそれ以外にやることもない。

イノベーションの分類

さきほど「プロダクト・イノベーション」という言葉を使ったが、ここでイノベーションのタイプについて整理しておこう。といってもそれほど多くの概念は必要ない。本書においてはプロダクト（製品）・イノベーションと、プロセス（工程）・イノベーションを区別するだけでよい。

・**プロダクト・イノベーション**とは、上記のコーン・フレークZのような新製品・新商品・新サービスを投入することだ。

既存製品の品質を向上させた「改良版」をつくることも、ここに含めていい。それは程度の問題にすぎない。

これに対して、

・プロセス・イノベーションとは、同じものを、より少ない費用でつくることだ。製造・販売費用の低減である。たとえば、50年前は自動車の製造に今より多くの人手を必要としたが、今では工業用ロボットが多用され、労働力にかかる費用は少なく済んでいる。30年前、家庭用のコンピュータは今よりも高価だった。部品も高価だったし組み立て費用も高くついた。

人生が有限であるのと同様、人間の時間や労働力は有限だから、なにかを作るコストが下がるのは人類にとって基本的にいいことだ。消費者の所持金も有限なわけだが、販売価格が下がれば、それまで買えなかった人も手に入れることができるようになるし、余ったカネは他のことに使える。

自動車やコンピュータの例で既に気づいた人もいるかもしれないが、これらの製品は製造コストが下がっただけではなく、品質も向上してきた。より良い製品を作るためには、新たな製造方法や工程が必要になる。したがってプロダクト・イノベーションとプロセス・イノベーションは重複することも多い。

単純なケースを分析する場合には、これら2種類のイノベーションは数学的に同じように扱うことができる。したがって、羽根の生えた生物が舞っていたとして、それを蝶と呼ぶべきか蛾と呼ぶべきか、せいぜいその位の違いしかない場合も多い。

とはいえ頭の整理としては、いま語っているイノベーションが「**製品の特性**」に関するものなのか、それとも「**生産工程**」に関するものなのか、あるいは「その両方」なのかは一応区別しておいた方がいい。前者は消費者つまり需要サイドにも直接かかわるが、後者は主に生産者、つまり供給サイドに限られる事象だからだ。需要と供給の区別はとても大事である。

よく出てくる「需要」「供給」「均衡」という言葉の意味について

入門レベルの経済学に触れたことがない（あるいはもう忘れてしまった）人のためにおさらいしておくと、

- **需要**というのは、人々（や企業）が「モノをどれだけ買いたがるか」という、買い手サイドの欲しがる数量のことであり、
- **供給**というのは、作り手・売り手の側が「モノをどれだけ売りたがるか」という、提供できる数量のことである。

買い手側は「できるだけ安く買いたい」、売り手側は「できるだけ高く売りたい」ので、買いたい量（需要量）と売りたい量（供給量）が釣り合うためには、そのモノの価格が「丁度いい値段」になっている必要がある。

安値すぎると、「欲しがる人は一杯いるのに、売りモノが出回らない」ことになるし、逆に高値すぎると「売り手は沢山いるのに、買える人が全然いない」という残念な結果になってしまう。

しかし、世の中は上手くできているもので、（変な規制とかその他の特殊事情が無ければ、）そのうちモノの値段というのは落ちつくべきところに落ちつく。この

・「需要量と供給量が一致する値段」を「**均衡**」価格という。

均衡というのは、「バランスがとれている」「釣り合っている」という意味だ。

これ以外にも経済学では大体、

①買い手がみんな、自分自身の得になるように買い物をしている、

②売り手がみんな、自分自身の得になるように販売している、

③市場に出回ったモノが、足りなくなったり余ったりしない、

という3拍子が揃った状態を「均衡」と呼んでいる。

いろんな物事が良い具合に収まっているので、それ以上は変化しない。そういう「行きつくところまで行った」先が一体どんな状況なのか、そんな場面について腰を据えて分析するのが経済学の定跡だ。

後半の章では、業界のダイナミクス（時間を通じた変化・動き）も分析の俎上に乗せることになるが、その際にはもう少し拡張したバージョンの「均衡」コンセプトで料理する。

といっても、単に①や②の「自分自身の得になるように」のパートが少し強化されて、「自分自身の得になるように、先を見越して」行動する様子を分析するだけだ。詳細は4章・8章・9章で。

製品・工程の区別のほかにもう一つよく使われるのは、

- 「漸進的《ぜんしん》」（incremental）
- 「急進的」（radical）

という区別で、イノベーションの程度が小さいか大きいか、あるいはその際に利用する技術がこれまでと同じか異なるかに注目した用語である。たとえば、消費電力がこれまでより2％少なくて済む携帯電話は漸進的プロダクト・イノベーションだし、電気自動車はガソリン式自動車と比べると急進的なプロダクト・イノベーションという印象がある。

とはいえ、2％の消費電力改善がじつは画期的な電池化学上の発見によるものであれば、それは技術的には「急進的」な変化ということになるし、運転手にとっての乗り心地がさほど変わらないのであれば、自動車のエネルギー源が電力かガソリンかは比較的どうでもいい「漸進的」な変化に過ぎない、という視点もあるだろう。

だから現実のケースを考えるときには、「唯一絶対の分類がある」などと考えてはならない。そうではなくて、今じぶんが語りたいのは何なのか、どういう問いに答えたいのか、そういう問題設定に即して、着目すべき側面に光を当てよう。大事なのは問題設定であり、それ次第でどういう概念・区分のしかたが有用かは変わってくるからだ。

色とりどりの蝶々をうまく分類するのも大事だが、蝶々を愛でること、あるいは蝶々が舞うメカニズムを解明するのは、もっと大事である。そして自分が追っているのはどの蝶なのか、そもそも何のために追っているのかを、見失ってはならない。

本題に戻ろう。商品間の代替性が高いと共喰い現象が発生し、既存企業にとっては新商品を投入しても大して得にならないので、プロダクト・イノベーションをやる気が出ない、という話をしていたところだ。

商品間の代替性について理解を深めるために、いくつか具体的なケースを考えてみよう。

同質財のケース

まずは代替性が極端に高い場合、つまりどの商品も全く同じ、というケースを押さえておこう。たとえばビタミンCという有機化合物（アスコルビン酸）は、基本的にどのメーカーが作っても同じである。高純度の結晶を精製し、そこから用途別にいくつかの濃度の製品に枝分かれはするが、本質的には同じものだし、どのメーカーであってもいろいろな濃度の製品を同じように作れる。こういう製品を「同質財」という。

なお、「財」という経済学用語はあるゆる品物を指す総称で、本書では、具体的な形をもたない「サービス」、たとえばヘアカットやマッサージや法律関係のアドバイスなんかも、まとめて財とか「モノ」と呼んでしまうことにする。

ビタミンCのような同質財市場の場合、そもそも新商品が登場する余地はない。ビタミンAやビタミンEは全く別の化合物だからジャンルとして無関係だし、ビタミンCに着色したり製品のネーミングに凝ってみたりしても無駄だ。ビタミンCの買い手は、これを酸化防止剤として添加物に使う食品メーカーや飲料メーカー（たとえばコカ・コーラ社）、あるいはこれを原材料として消費者向けビタミン剤を作る製薬会社（たとえば武田薬品）であり、こういうタフな顧客には表層的な広告・マーケティングは一切通用しない。

逆に、無知な消費者に対しては、そうした「教育的マーケティング」やブランド・イメージ、すなわち妄想上だけの「差別化」が有効である。ビタミン剤の人間に対する健康増進効果は科学的に立証されていない。これは米国における2000年代の裁判資料においても、専門家や製造企業自身が認めている事実である。それにもかかわらずビタミン剤の摂取が「カラダにイイ」かのような信仰が今や定着している。

もしあなたの周りにビタミン信者がいたら、この残念な真実を教えてあげよう。きっとムキになって反論してくるはずだ。おすすめの製品名を教えてくれるかもしれない。ここまでいけば広告宣伝も上出来といえよう。もしそういうブランド・イメージを確立できたとすれば、それは一種のプロダクト・イノベーションとして機能するので、本章の話がそのまま適用できる。しかし本書はマーケティングの教科書ではないので、深くは立ち入らない。

さて、2000年代以降、世界のビタミンC市場を席捲しているのは中国の国有企業である。たとえば東北製薬はその名の通り中国の東北地方にあり、満州時代の武田の工場をもとに設立された大手国有メーカーだ。華北地方には華北製薬という、やはり国有の大企業がある。しかし東北で作っても華北で作っても、ビタミンCはビタミンCであり、全世界でほぼ共通の市場価格がついている。

同質財の市場で唯一有効なのはプロセス・イノベーション、つまり製造コストの低減である。1990年代までのビタミンC市場はロシュ（スイスの製薬会社）、武田、Eメルク（ドイツの製薬会社）、BASF（ドイツの総合化学メーカー）が四天王として支配してきたが、ひとたび中国企業が画期的な新製造法である「二段階発酵法」を発明し生産体制を整えると、これらの日欧メーカーはまたたく間に世界市場から駆逐されてしまった。旧来の「一段階合成法」というコスト高の設備しか持っていなかったからだ。このように、製品間の差別化がない同質財のマーケットでは、コスト競争力がすべてと言っていい。

ではロシュや武田は、どうして自ら新製法を導入しなかったのか？　ロシュにいたっては80年代に、既に中国企業から新製法の特許を購入していた。

「そんな科学上の新発見は知らなかった」

とか、

「まさか新技術が成功するとは思わなかった」

などというのは後付けの経営学、あるいは単なる嘘である。

いうまでもないことだが「私の履歴書」ほか経営者が喋っていることをそのまま信じる学者は愚かだ。

人間は自分に都合のいいことしか喋らないから、何を言ったかではなく、実際に何を行ったかによって判断しなければならない。それが経済学者の手口である。

または逆に文化人類学者のように、研究対象である集団に自ら潜り込み、長い時間をともに過ごすことによって彼らの「話す言葉」や「振る舞い」の真意を解釈するべく、本気の「参与観察」（実際に研究対象の中に入って深く観察すること）を行う必要がある。日本企業を対象にした最近の研究だと、たとえば「組織社会学から見た『ほぼ日』」（樋口あゆみ、２０１７年、DIAMONDハーバード・ビジネス・レビュー掲載）のような感じだ。

さてここにスタンフォード大学経済学部のケネス・アロー氏（１９７２年ノーベル賞、２０１８年没）が１９６２年に書いた論文がある。一見無味乾燥な数式が並んだ、たった数ページの理論研究である。だがそのシンプルな分析は、ロシュや武田が中国企業のようなプロセス・イノベーションに踏み切れなかった理由を、「置換効果」というロジックで明解にしてくれる。

私がワシントンDC地方裁判所の書庫から発掘した米国民事裁判資料（反トラスト法違反ですでに有罪が確定した日欧カルテル各社に対する、買い手側約４０００社からの損害賠償請求）によると、

- １９９０年代までのロシュ（旧製法を使用）のビタミンC事業は、１キログラムあたりの世界共通の販売価格が10ドル、製造原価は5ドルだから、利幅は10－5＝5ドル。

・これに対する中国側のデータは不明だが、新製法による東北製薬の製造原価が仮に2ドルだったとしよう。ロシュも武田も東北製薬も、同じビタミンCを同じ世界市場で売っているので、東北製薬の売り値も10ドル。つまり利幅は10－2＝8ドルもあることになる。

「新参企業」である東北製薬にとって、この8ドルは丸ごと利益の純増となる。

ではここで、既存企業の損得を考えてみよう。

もしロシュが新製法を導入して、原価を5ドル→2ドルに下げられたとしても、利益の純増は8－5＝3ドル分にとどまる。旧製法の下でも5ドルの利益が出ていたから、純増の幅は小さい。

言い方を換えれば、新技術で稼ぐ8ドルのうち5ドル分は、元々旧技術でも稼げていた利益を、改めて新技術を使って稼ぎ直しただけ。すなわち新技術からの同額の利益に「置き換わった」だけだ。

二段階発酵法の導入が追加コスト（旧設備の廃棄、新設備の構築、人員の刷新など）を伴うようであれば、ロシュや武田のような既存企業にとって、あえて新技術に乗り換えるメリットは少ない。そういう経営判断も合理的かもしれない。

これがアローの言う「置換効果」である。

既存企業は「既」に「存」在しているがために、イノベーションによる追加的な利益はそのぶん少なくなってしまう、ということだ。

垂直差別化財のケース

同質財よりも代替性がユルいケースとして、「垂直差別化」あるいは「品質差別化」された財がある。たとえばパソコンの頭脳部にあたるCPU（中央演算ユニット）や、短期記憶を司るメモリというタイプの半導体チップだ。

半導体チップの色やネーミングを気にする人は少ない。CPUは、処理速度が早ければ早いほどいい。メモリなら、記憶容量が大きければ大きいほどいい。そういう「誰もが認める明確な品質基準」がある。だから高品質なチップほど高価で、低品質なチップほど安価である。品質の上下による差別化である。

最高品質のチップが他のすべてのチップを駆逐してしまうとは限らない。「どうしてもオンライン・ゲームで勝ちたい」欲望に駆られたゲーム中毒者とか、研究のために高速の計算と統計処理を繰り返す経済学者、といった一部の特殊な人々を除くと、高性能なチップ（を搭載したコンピュータ）を必要とする人はそれほど多くない。メールとSNS（ソーシャル・ネットワーキング・サービス）と、文書作成・表計算・スライド作成程度の一般的な用途であれば、5年前、10年前の旧型チップでも十分だ。

このような市場での技術革新には、プロダクト・イノベーション（より高品質な製品を生み出す）とプロセス・イノベーション（同じ品質の製品をより安価に作る）の両方があり得る。

前者の例としては、インテル社のCPUやサムスン社のフラッシュ・メモリが、これまでのところ最先端ということになっていた。

後者の例としては、歩留まり改善（欠陥品の発生率を下げること）や、学習効果（同じものを作りつづけるうちに安く作るコツを体得すること）による生産性向上が挙げられよう。

また、製造工程そのものは同じでも、中古の旧型製造設備を安く手に入れ、人件費の安いベトナムやコスタリカのような途上国に工場を建てれば、トータルな費用は下げられる。あるいは法人税が安いアイルランドのような先進国に工場を建てて、そこから生産・出荷するという手もある。これらの手段は通常、設備投資のオフショア展開（狭義のオフショアリング）や、海外メーカーへの外注（アウトソーシング）も含めた「サプライチェーン・マネジメント」の土俵で語られることが多いが、その本質は「トータルな生産コストの低減」つまりプロセス・イノベーションである。

CPUのインテルは30年前からトップに君臨しつづけているし、サムスンのメモリ事業も長いあいだ強力だ。その意味で、これらは「イノベーターのジレンマ」のパターンには当てはめにくい。

なぜそうなるかというと、まず最先端の半導体製造装置はとにかく高価である。特に電子回路をシリコン・ウエハーの表面に投影する露光装置（オランダのASMLや日本のニコンとキャノンだけが作れる）や、焼きつけられた回路図どおりにウエハーの表層を削るエッチング装置（米国のラムリサーチとアプライド・マテリアルズ、日本の東京エレクトロンと日立ハイテクノロジーズだけが作れる）は、それぞれ滅茶苦茶に難しい技術の塊だ。こういう製造装置は1台何十億円もする。たとえそれらのマシンを買い揃えたとしても、誰にでも使いこなせるような工作機械ではない。優れた電子回路をデザインし、実際にチップを製造し、欠陥品を減らすために製造工程を見直し、また回路を改良し……という気の遠くなるような作業が必要だ。そのためのノウハウを蓄積しているのも、経験豊富な既存企業だけだ。カネと野心とアイディアがどれだけあっても、一朝一夕に参入できるような分野ではない。

つまりこれらの市場では、資金・人材・知識における参入障壁がきわめて高い。品質競争、設備投資競争の結果として、実質的な参入障壁は年々高くなる。だから垂直差別化財におけるイノベーションは、比較的長期間にわたって同じメンツの既存企業が担っていることが多い。とはいえここでも、製品間の代替性による「共喰い」は発生している。「置換効果」も（目に見えるほど顕著かどうかは別として）存在する。

たとえば「かえる跳び」（リープ・フロッギング）という現象がある。複数のトップ企業が交互に最先端の製品を発売していくパターンだ。いま最高品質の製品を提供している会社は少しお休みして、いま2番手・3番手の会社が次世代の最高品質の新製品を投入する。その繰り返しである。

「かえる跳び」現象のメカニズムは、前述したビタミンCのプロセス・イノベーションの話と似ている。新技術を導入したのは世界トップだった日欧メーカーではなく、後発の中国国有企業だった。それと同じ仕組みだ。失うものが少ないプレイヤー（ここでは2番手・3番手企業）の方が、積極的に新技術を導入する。利益の純増幅が大きいからだ。

CPU市場では独占トップ状態のインテルとはいえ、死角がないわけではない。過去50年にわたって、CPUの計算速度やメモリの容量の継続的な向上を支えてきたのは「ムーアの法則」という経験則で、製造装置の改良にともない、半導体の回路密度（どれだけ細い線の上を電子が行き来するか）は1、2年ごとに倍増する、というすさまじい進歩を遂げてきた。電子の移動距離が短く済めば、そのぶんCPUの計算速度は上がるし、同じ大きさのメモリチップ上に詰め込める情報量は増える。しかしこの経験則も物理的限界を迎えつつあり、コンピュータ業界全体としては、CPU以外の電子部品も活用することで総合的なパフォーマンスの改善につなげようという流れになっている。

GPUと人工知能

たとえばGPU（画像処理ユニット）は、CPUのような速度で複雑な計算こそできないものの、画像処理などの「一つ一つは単純な計算を、同時並行して大量にこなす」タイプの作業に特化した半導体チップである。この特性を利用したコンピュータ・プログラムを書くことができれば、実行速度を高められる。そうなるとGPUの用途は、もはや静止画像や動画のような「狭義のグラフィックの取り扱い」に限られない。

GPUに関連して、少し脱線になるが、「機械学習」とは、データ分析を主としたコンピュータ・サイエンスの手法群である。その中でも近年発展の著しい「深層学習」や「強化学習」という手法は、まさに「一つ一つは単純な計算」(たとえば「たたみ込み」と呼ばれる足し算と掛け算の塊や、モンテカルロ法とよばれるシミュレーションを使った統計処理)を「同時並行的に行う」ものであるから、GPUの品質向上や「並列計算」の恩恵を受けてきた分野といえる。2017年に囲碁や将棋で人間のトッププロを破った、グーグル・ディープマインド社のアルファ碁や、プログラマー山本一成氏の作ったポナンザといったゲーム用AI(人工知能)も、こうした発展のひとつの成果だ。

GPUも、半導体チップという意味ではCPUやメモリと同じく半導体業界の製品ではある。しかしGPU市場は、インテルやサムスンではなく、エヌビディア社の独壇場となっている。同社の強みは回路設計にあり、チップそのものの製造工程は台湾積体(TSMC)社のような製造専業の大手に委託している。ハードウェアを作るための巨額の設備投資をせずに済ませる戦略だ。先述のインテルのような自社工場の海外移転ではなく、海外企業へのアウトソーシングを含めたタイプの、「広義のオフショアリング」である。

　回路設計に特化したファブレス（「工場なし」の意）アプローチは、ＣＰＵやメモリのように成熟しきった品質競争の世界では、必ずしも得策ではない。そこでは設計工程と製造工程にまたがる「社内部門間での綿密な調整」による生産性向上も、コスト競争力の重要な源泉となり得る。だからこそ、インテルやサムスンのような「垂直統合」体制が威力を発揮してきたわけだ。

　しかしエヌビディア社の専門とするＧＰＵや、クアルコム社が得意とする携帯電話むけ通信用チップなどの、まだ「技術も需要も流動的」で「水平的な差別化（後述）が盛ん」な市場では、ファブレス体制は有効である。

「同じものをいかに大量に、高性能かつ安価に作るか」

　というレースではなく、むしろ

「多様な用途とニーズにいかに素早く対応するか」

　という競技種目なので、顧客企業との近接性や技術トレンドへの造詣、そして「アイディアを設計に移すスピードと精度」こそが最重要スキルになるからだ。そういうジャンルであれば、工場や製造装置への設備投資は専門業者（台湾積体のように受託生産専業の業態で「ファウンドリ」と呼ばれる企業）に任せた方が、業界全体のサプライチェーンとしても分業のメリットが大きい。

　90年代に台頭した台湾積体ら製造専業メーカーの存在が、結果的にエヌビディアやクアルコムら設計専業メーカーの成長を助けたわけだ。半導体業界への「参入障壁」が、部分的に下がったとも言える。さすがのインテルやサムスンも、半導体の全ジャンルで最先端に立ちつづけることはできなかった。

日の丸半導体の死体解剖

ちなみに「垂直統合」と「分業特化」、どちらのジャンルにおいても、90年代以降の日本の半導体メーカーは流れを主導することも、新潮流に対応することも、出来なかった（ほぼ唯一の例外は東芝のメモリ事業）。

2000年代前半に日立製作所、NEC、三菱電機の各種半導体事業の大合併があり、名目上はエルピーダやルネサスといった「日の丸半導体」を称する持ち株会社の傘下に集約された。

しかし私が過去25年分の全世界の半導体工場のデータを分析したところ、名目上は大合併したはずのこれら日本メーカーたちは、日本各地に点在する何十もの零細工場をバラバラに赤字操業しつづけるだけで、一向にインテルやサムスンのような集中的な設備投資をする気配はなかった。

無意味な工場を多数抱えて税金をムダ使いし、そのまま衰退していった日の丸半導体。腐乱死体やゾンビ（生ける屍）企業を解剖するのは気の滅入る作業だから、さっさと済ませよう。データから推測される死因は3つ。

- 第1に、地元・国内の工場を閉鎖したくないという田舎政治家的な発想、あるいは圧力。
- 第2に、世界の技術トレンドについて行けないまま（そして自らが無知であるという認識すらないまま）役所が旗を振って税金を注ぎ込んでいれば何とかなるだろう、と高をくっていた「残念エリート」たち。
- 第3に、日本がまだ発展途上国だった80年代までの「無戦略」経営しか知らない世代が、経営トップになり、漫然として無意味な「努力」に終始したこと。

なお、以上の特徴は、90年代後半に国全体で赤字に転落した中国の国有企業と似ている。2000年前後に、中国政府は大リストラを決行。同時にWTO（世界貿易機構）に加盟した。

2000年代の中国や中国企業にはまだ垢抜けない印象があった。しかしハングリーかつ発想の自由な起業家たちが沢山いる国である。彼らによる新規参入と総員玉砕の波を繰り返した後の2010年代はどうかと言うと、特にハイテク系民間企業は米シリコンバレーに匹敵する存在になっている。

もはや日本企業がライバル視するのもおこがましい。下らないプライドは捨て、盗めるところは盗む、マネすべきはマネる、という態度に改めた方が得だろう。言い訳ならいくらでもあるだろうが、実績が全てである。（ただし政治体制をマネるのは……止めておこう。日本の政治家や官僚や学者が一党独裁をやったら本当に「総員玉砕」してしまいそうだ。）

水平差別化財のケース

ついつい日の丸半導体などという、どうでもいい話に脱線してしまった。商品間の共喰い・代替性と置換効果という本題にもどろう。

ＧＰＵや通信用チップの件で出てきた「水平差別化」の話を進めよう。

「誰もが同意する、分かり易い評価基準」で品質を比べられる「垂直」差別化財とはちがって、多くの市場、とくに消費者個人が買う最終製品・サービスにおいては（イメージやブランド力も含めた）「多種多様な」差別化が起こっている。

たとえばおにぎりの具について。私は梅干しと明太子が好きだが、私の助手はおかかとツナ・マヨネーズが好きだ。いかに私がボスだとはいえ、助手に対して

「梅干しはツナ・マヨネーズよりも高品質である」

と客観的に立証することはできない。蓼《たで》食う虫も好き好きである。

朝食用シリアルに関していえば、私はイチゴのシュレッド・ウィートとチョコレート・パフ

図表2-1　需要の「代替性」がイノベーションの動機に及ぼす「置換効果」

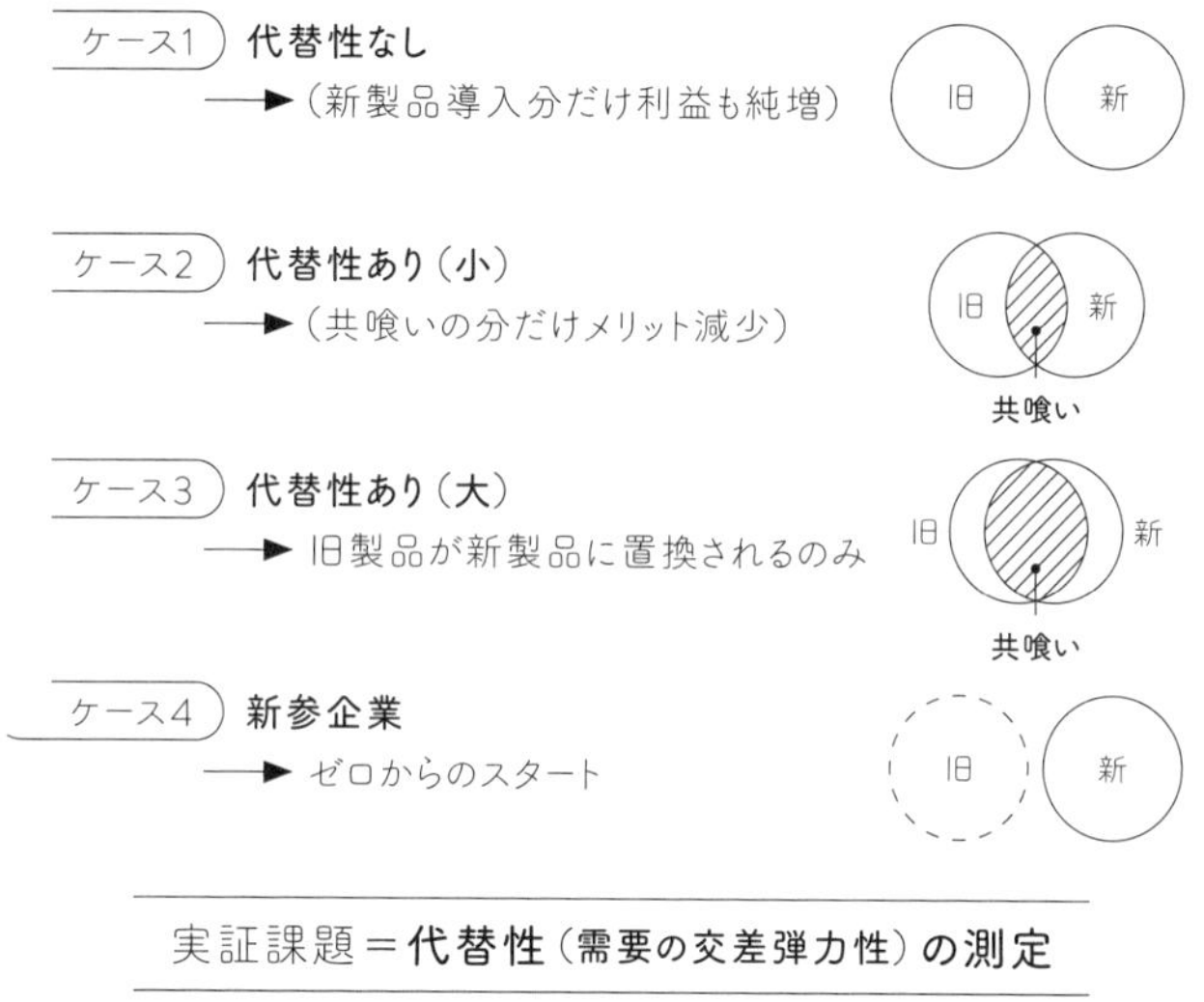

が好きだが（前掲のスーパーの写真に映っている）、助手はメイプル・ピーカン・グラノーラが好きだ。ただし2人ともコーン・フレークは毎朝食べる。これらの製品間で「品質の高低」を論ずるのは時間のムダだ。したがってシリアルは「水平的」に差別化した財だといえる。

こういう市場には本当にいろいろな商品があるので、商品間の代替性つまり「キャラがどの位かぶるか・かぶらないか」という関係性も複雑である。

「コーン・フレーク」と「コーン・フレークZ」は極めて類似しているから、代替性は高い。よって強力な共喰いが発生するだろう。

逆に「コーン・フレーク」と「メイプル・ピーカン・グラノーラ」はあまり似ていないので、代替性は低い。よってケロッグ社がこの系統の新製品を投入しても、コーン・フレークとは競合せず、共喰いの度合いも小さい。

となるとケロッグ社にとって、コーン・フレークZの投入には乗り気になりづらいだろうが、グラノーラ系の新製品を投入するのはやぶさかではないはずだ。

差別化財についての以上の話を絵にすると、こんな感じだ（図表2-1）。

かなり単純化しているが、要するに商品特性が重複している（キャラがかぶる）と代替性が高く、共喰いも大きいため、新製品投入のメリットが小さくなる。

さて、代替性について、これまで「似ている」とか「キャラがかぶる」といった直感的な言い方をしてきたので、「経済学者の割にずいぶん曖昧な言葉ばっかりだな」と思った人もいるかもしれない。一見主観的でフワフワした「代替性」という概念だが、実際にはデータから厳密に計測することができる。

細かいことは専門的になるので、データ分析に焦点を当てる5章と6章を見てほしいが、商品間の需要の「交差弾力性」という古典的な概念は、実証可能である。つまり「共喰い度」とか「置換効果」もデータから逆算できる。

本章はあくまで共喰いというコンセプトについて説明することが目的なので、データ分析は棚上げにして、もうひとつだけ水平差別化の具体例を挙げよう。小売店舗の地理的差別化だ。

水平差別化の応用例：地理的差別化

一つ一つのチェーン店やレストランを地図上に表示していくと、たとえばコンビニとかファミリー・レストラン（ファミレス）同士が近所に立地していたり、あるいはかなり離れていたりする様子がわかる。駅前商店街か、街道沿いの交差点か、はたまたショッピング・センター内なのかといった立地特性も大事だし、顧客の移動手段が徒歩なのか自動車なのか電車なのかによっても移動距離や時間は違ってくる。

だが大まかに言えば「近くにある店同士は競合する」し、「遠くにあればあまり競合しない」だろう。ちょうど図表2-1を地図上にイメージした感じだ。

スターバックス・コーヒーや、マクドナルドのハンバーガー・ショップや、セブンイレブンが、ひとつの地域に何店舗も出店している情景を目にしたことは誰にでもあるだろう。小売業界には商圏人口という言葉があるが、要するに「その地域にどのくらいの消費者が住んでいて、どのくらいの需要が見込めそうか」を想定しつつ、手頃な土地なり建物に出店するわけだ。「小売は立地がすべてだ」という説もある。

いかに人口密集地であっても1号店、2号店、3号店と続々と開店していけば、いずれは同じ客の奪い合いになる。共喰いの地理的なケースだ。

たとえば東京都世田谷区喜多見九丁目に住んでいた私にとって、小田急線喜多見駅周辺のファミリーマートとセブンイレブンの間の「代替性」は高かった。どちらもすぐ近くにあるからだ。

いっぽう、隣りの駅である成城学園前の駅前商店街に行くには、電車に乗るか自転車でキツい坂を登らないといけない。

喜多見駅前のスーパーである「サミットストア」と、成城学園前の駅前スーパーである「成城石井」とは、水平的（地理的）に差別化しており、代替性は低かった。またサミットが庶民向けなのに比べ成城石井は金持ち向けだという、品質・価格面の垂直差別化もある。喜多見に住む庶民にとって、これら2店間の代替性は皆無である。

既存企業と新参企業のイノベーションの話と全く同じメカニズムが、小売店の出店についても働いている。セブンイレブンが喜多見九丁目に2号店をオープンするメリットは小さい。すぐ隣りの八丁目に、既に出店しているからだ。

しかしこの町にまだ出店していないローソンにとっては、九丁目に1号店を進出させる余地があるかもしれない。もしそうなれば九丁目の人々には「美味しい梅おにぎりと明太子おにぎりを徒歩30秒で買いにいける」という素晴らしい未来が待っているであろう。

ところでコンビニの出店戦略においては、「同じ地域に大量集中出店する」セブンイレブンの手口（日本の小売業界で「ドミナント出店」とよばれる戦略）が有名だ。既存店と共喰いしてしまうにもかかわらず、どうしてセブンイレブンは過密な新規出店をするのか？　1台のトラックで効率的に商品搬送できるから、というロジスティクス費用上の都合もあるが、「有望な立地をライバル企業にさきがけて全部押さえてしまおう」という思惑もある。

「ぬけがけ戦略」である。

次章では、「共喰い現象」とは逆に既存企業をイノベーションに駆り立てる要因である、「先制攻撃」の話をしよう。

第3章 抜け駆け

Chapter 3 ― Preemption

　またしても冒頭からひどい喩えで恐縮だが、2人の青年が下宿先の「お嬢さん」に恋をしていたとしよう。1人目の青年の名は「K」といい、寺を実家にもつ堅物なのだが、ある日、「お嬢さんに対する切ない恋」をもう1人の青年にだけこっそり打ち明ける。Kの恋心を知った2人目の青年は、こう考えた。「最後の決断が必要だ」。

「私はKより先に、しかもKの知らない間に、事を運ばなくてはならない」

　覚悟を決めた2人目の青年（名は「先生」という）は、下宿先の奥さんに「お嬢さんを私に下さい」と切り出す。奥さんは「よござんす、差し上げましょう」と即断。両人の結婚が決まる。

　この話を聞いたKは自殺してしまう。友人に残した遺書には「自分は薄志弱行で到底行先の望みがないから、自殺する」とだけ書かれていた。

これが**抜け駆け**、あるいは**先制攻撃**である。

だれだって負けるよりは勝つほうがいい。あなたの置かれた状況が先手必勝のゲームなのであれば、あなたは躊躇わずに先制攻撃に打って出るべきだし、もしそのために金がかかるのであれば金をかけるべきだ。先手必勝のゲームで後手に回ることは、すなわち死を意味するからだ。

ちなみに夏目漱石の小説『こころ』の場合、勝者であったはずの「先生」も結局自殺してしまう。つまり人生は勝者なきゲーム……という寂しいオチになるのだが、そういう人間の心の機微はあえて無視して先を急ごう。どうしても気になる読者は、同書の第3章「下　先生と遺書」に目を通していただきたい。

勝者総獲りのケース

このように、勝者がすべてを獲得する勝者総獲りのゲームでは、参加者はみな他人より少しでも速く、あるいは少しでも多くのカネをつぎ込んで勝利をもぎとろうとするだろう。もしも何らかの理由でスピードが遅い、または資金力に乏しいプレイヤーがいたなら、その人の勝利はあり得ない。その意味で生まれつき（かどうかは知らないが）奥手だった青年「K」の敗北と死は最初から定められていた運命とさえ言える。

じつは本書にまとめた私自身の研究も、ほぼ同内容の研究を進める別の学者チームとのスピード競争だった。たまたま先方のリーダー格の教授が移籍したりで忙しくしているうちに、無名の学生（私）が学会発表してしまったのである。この話は後になって先方のチーム・メンバーから聞いたのだが、まさに間一髪の「新規参入」だったことになる。

現実の産業では、ここまで明確に1社だけが勝利して生き延び、残りの会社が全部即死するような極端なケースは少ないかもしれない。しかし、それに近い事態を想像してみることはできよう。

たとえば過去10年の間に台頭してきたコンピュータ・サイエンスの技法に深層学習（ディープ・ラーニング）というものがある。２０１５〜２０１７年にかけて、チェスや将棋よりもさらに「複雑」な知的ゲームである囲碁において、並み居る世界チャンピオンたちを相手に完勝を収めたアルファ碁というＡＩ（人工知能）があったが、その中身に使われたのが深層学習系の数理モデルと統計処理だった。これを開発したのは、グーグル傘下のディープマインド社である。

英国ロンドンを拠点とするディープマインド社を手に入れるために、米グーグルと米フェイスブックの両社が買収交渉を進めていたが、２０１４年、結局、5億ドルでグーグルのものとなった（当時の為替レートで５００億円）。遠い未来において深層学習がどのくらい重要な技術になっているのか、そしてグーグルにとってディープマインドを傘下に擁するメリットがどのくらい大きいのか、今の私に知る術はない。しかし、もしも将来、（ディープマインドを獲得できなかったがゆえに）技術力不足でフェイスブックが頓死するようなことがあれば、この買収合戦は決死の抜け駆けレースだったことになる。

というわけで、大変手に汗握る話題ではあるのだが、こういうレースを誰が制するかは、ある意味、単純にスピードや力や金額や相性、あるいは運によって決まるので、経済学的にそれ以上追究する余地や面白味はあまりない。

読者諸氏におかれても、このようなレースに直面することがあったなら、ひたすら情報収集に励み、筋力と知力と反射神経を発揮していただきたい。次なる抜け駆け勝負に勝利を収めるべく、できれば資金力と政治力、それに法的・道義的正当性など、とにかくありとあらゆるリソース（資源）をたくわえておくに越したことはない。それから敵が同じ土俵で自分の想定通りに戦ってくれるなどとは思わないことだ。「戦わずして勝つのが上策」、つまり敵の準備や能力を土俵ごとひっくり返して無効化してしまうような、そんな一層大きな土俵を用意した方の勝ちなのだから。

勝者総獲りのゲームについては、これが私からできる唯一の分析とアドバイスだ。経済学者が理屈をこねるのを呑気に待っている場合ではない。頑張れ！うまくやれ！そして勝て。（それでも負けてしまったら……素直に悲しむ他あるまい。美味しいものを食べて、適度に呑んで、ゆっくり温泉にでも入って、とにかくたくさん寝ることだ。次に備えよう。）

既存企業 vs 新参企業

それではもう少し微妙なニュアンスが味わえるケースを考えてみよう。新技術にそこまで過激な威力がなく、せいぜい「これまでの既存のトップ企業と同レベル」の品質・生産性だったらどうだろう?

インターネット検索エンジンとしては、2018年現在、グーグルが独走状態にあり、Bingなどの2番手以下は無視できるレベルに過ぎない（と考えている人が多いようだ）。さてここに、MITの天才エンジニア軍団と、同校に客員准教授として滞在している無名の経済学者MitSuru氏が開発中の、次世代検索エンジン「ぐぐ〜る」が完成間近だとしよう。

仮に「ぐぐ〜る」が参入に成功した場合、世界中の検索需要をグーグルと二分するとしよう。一見いろいろな事業に多角化しているように見えるが、グーグルの主な収入源は検索にまつわる広告宣伝事業だ。グーグル検索上に広告リンクを掲載してもらうために、顧客企業や個人事業主はしかるべき広告料金を支払わねばならない。

検索業界がグーグルの独壇場であれば、同社の価格交渉力は強く、**独占価格**（グーグルにとって一番都合のいい値段）になる。よって独走状態のグーグルであれば、

- 「独占価格（＝高い）」×「全世界のオンライン広告需要（＝多い）」

が収入になる。値段は高くつけられるし（たとえば1件あたり100円とか）、すべての客（たとえば10億案件とか）を我が物にできるので、大変おいしいシチュエーションである。

もしもそこに「ぐぐ〜る」が参入すると、世界の検索市場を2社で半々に分かち合うことになる。うんと単純化すると、先に述べた場合のちょうど半分ずつの客（たとえば5億案件ずつ）が、グーグルと「ぐぐ〜る」にそれぞれ群がるわけだ。

だが、それだけではない。いまや2社の検索サービスが競合しているのだから、広告宣伝を出す側にとっての選択肢は「グーグルに掲載してもらう」だけでなく「ぐぐ〜るに掲載してもらう」にまで広がったことになる。

選択肢が増えると、交渉力も強まる。なぜなら、「御社に広告を出すなら、1件あたり100円払え？　高いですなあ。ぐぐ〜るは50円でっせ。ほな、やめときますわ」という交渉が可能になるからだ。

この点も単純化して、「ぐぐ〜る」参入後の市場価格は、本当に50円まで下がるとしよう。となると、グーグルの独占が破られ2社が競合する「**複占**」状態になった場合、グーグルの収入は半減どころか4分の1になってしまう。

- 客は半分に減るし（10億件→5億件）、値段も半額に下がる（100円→50円）

からだ。計算すると、「ぐぐ～る」の参入によってグーグルが受けるダメージ（損失額）は、

- 独占時代の収入（10億件×100円＝1000億円）と、
- 複占状態の収入（5億件×50円＝250億円）の差額にあたるから、

すなわちグーグルは750億円を失ってしまうことになる。

逆に言えば、グーグルにとっては、「ぐぐ～る」の参入を食い止めるために750億円以内の予算をつぎ込む価値がある。独占状態を維持できるならば、それくらいの「戦略的投資」は安いものだ。

この予算を具体的にどう使って「ぐぐ～る」の参入を阻止したらいいだろうか？ ひとつの手口としては、MITチームの特許を買い取ることが考えられる。

もうひとつの手口としては、MITチームの中核的人材、たとえば経済学者Mit Suru氏を買収してしまうのも安上がりな戦術だ。いかにアメリカで経済学者の給料が近年高騰しているとはいえ、年俸5億円も提示すればグーグル側にヘッドハンティング（引き抜き）するのは簡単だろう。経済学者は金で動くという噂だ。

からめ手としては、関係官庁と政治家に根回し（ロビイング活動）をして、「インターネット検

索市場に参入する際の許認可プロセス」をでっち上げて法制化してしまい、そのハードルをうんと高く、複雑怪奇にしてしまうというのもアリだ。

「なんという汚い手段を推奨するのか」と呆れた方もいるかもしれないが、これは国と時代を問わず、よくやられる方策である。塩や煙草の専売制度は税金を巻き上げるための人為的独占だし、特許制度のルーツも、イギリスの王様がひいきの商人を儲けさせるための単なる利権だった。ちょうど時代劇に出てくる「悪代官」と「越後屋」みたいな感じである。（逆に言うと、いかに公明正大な目的のためであっても、すべての許認可は何かしらの特殊権益を生むので注意すべきだ。）

対する「ぐぐ～る」陣営はどうだろうか。「ぐぐ～る」は新参企業（研究チーム）だから、

- 参入以前の段階では、無収入（0億円）である。
- 実際に参入した場合には、（5億件×50円＝）250億円の収入が見込まれる。

ということは、単純計算では250億円以内の予算をどこかから前借りして参入に成功できれば、一応黒字になりそうだ。

シリコンバレーやMIT周辺の、ベンチャー・キャピタル（新興企業への投資家集団）の門戸を叩けば、それくらいの先行投資資金は何とか工面できるかもしれない。

しかし、だ。グーグルと「ぐぐ～る」では、参入（または参入阻止）につぎこめる予算に、大

きな差がある。

- グーグルにとっては、新規参入を失敗させるためならば、750億円（まで）の工作資金を拠出する価値があるが、
- 「ぐぐ〜る」にとっては、新規参入を成功させるためであっても250億円までしか投資する余地がない。

これはなにも、「大企業と新興企業の間の資金力・信用力の格差」の話をしているわけではない。「能力」ではなく「意欲」の話である。（「能力格差」は次章のテーマなので、もう少し待っていただきたい。）

市場構造にまつわる競争効果は、既存企業による「抜け駆け」を後押しする

グーグルと「ぐぐ〜る」の参入（阻止）工作にかける意欲の差を生むのは、市場の**競争度**（あるいは**市場構造**）にまつわる、根本的な非対称性である。グーグルにとって独占（唯一無二のトップ企業という立場）はもの凄くおいしい地位なので、決して失いたくはない。

一方「ぐぐ〜る」にとって「参入が成功した暁に得られる地位」とは、たかだか複占（1位タイのツー・トップ体制）の片割れという程度である。「何が何でも手に入れたい」と命を賭けるほどの魅力はない。

以上の説明を図式化すると、図表3-1のようになる。

要するに、既存企業グーグルはライバルの参入によって失う物が大きい分、必死になって「唯一無二のトップ」の地位を防衛しようとする。その必死さは、新参企業「ぐぐ〜る」（どう頑張っても、「一位タイ」以上の地位は望めそうもない）のぬるい覚悟とは比べものにならない、ということだ。

ここまで読んで、おやっ？　と疑念を抱いた読者は鋭い。

前章で共喰いと置換効果の話をしたとき、私は「既存企業は失う物が大きいので、イノベーションに本気になれない」と書いた。

それとは一転して本章では「既存企業は失う物が大きいので、本気で独占的地位を守ろうとする」と書いた。

字面だけを追っていると、これらは矛盾して見えるかもしれない。既存企業は本気になれるのか、なれないのか、どっちなんだ、と思ったことだろう。

大丈夫、矛盾はしていない。言葉足らずだった箇所を補った上で2つの要点を改めて言い直すと、こうなる。

図表3-1　独占と複占では、利益が全然違う

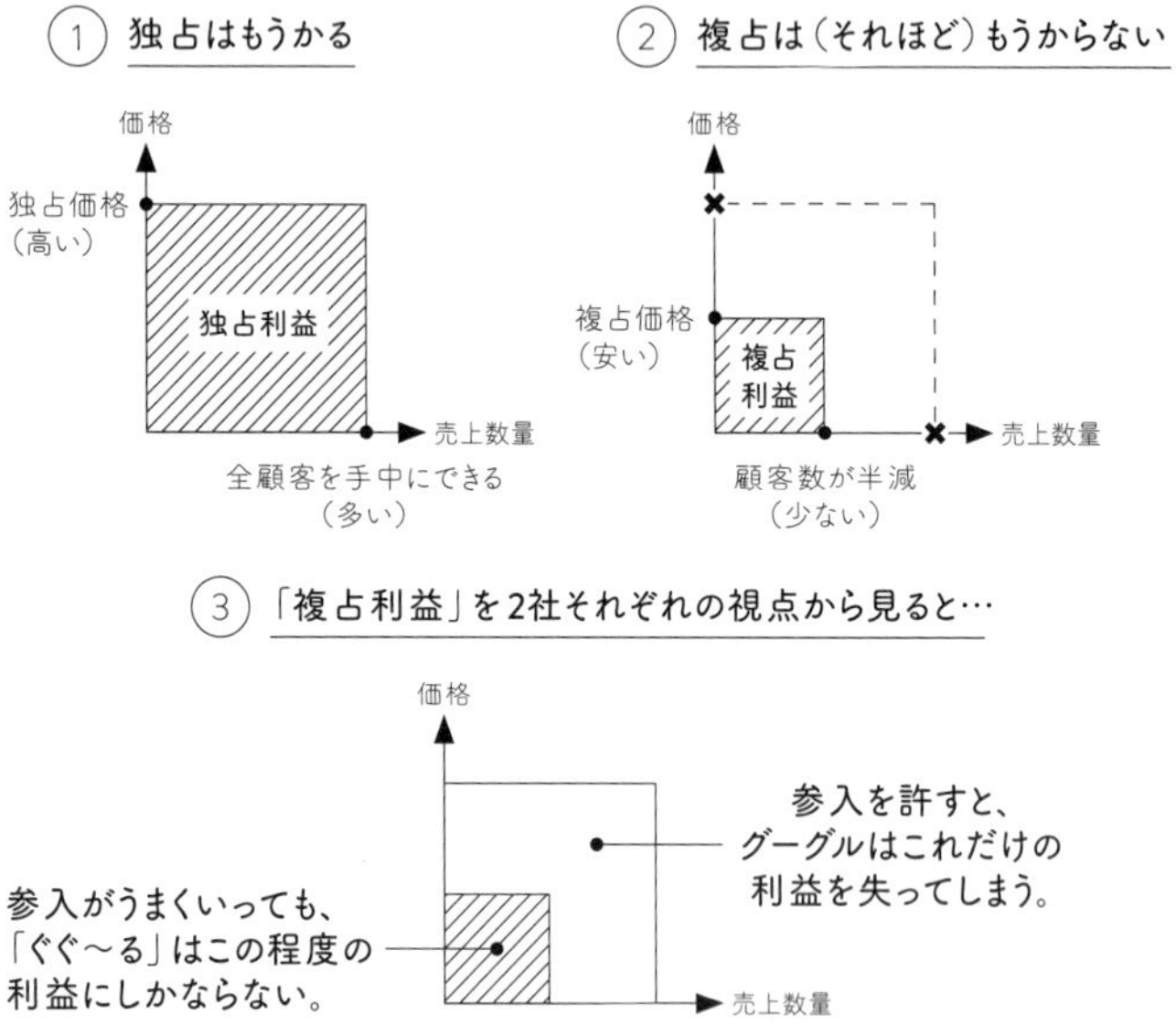

- 理論①：置換効果「既存企業は（新技術を導入することによって）失う物が大きいので、イノベーションに本気になれない」
- 理論②：競争効果「既存企業は（自分が新技術を導入せずに、新規参入を許してしまうことによって）失う物が大きいので、本気で独占的地位を守ろうとする」

すなわち理論①と理論②は矛盾しているわけではなく、着眼点が違うのである。前者が既存企業内部の新旧事業のせめぎ合い（だけ）を論じているのと対照的に、後者はライバ

ルとの競争状況に注目している。

既存企業と新参企業がお互いの出方をうかがって対峙している「**戦略的状況**」、つまり**ゲーム理論的状況**の分析が、理論②のエッセンスだ。なお、ゲーム理論が大々的に（不完全）競争の分析に応用されるようになったのは１９８０年代のことで、「抜け駆け」・「競争効果」を提唱した理論研究（リチャード・ギルバートとピーター・ニューベリーや、ジェニファー・レインガナムの論文）もその一環だ。本章の後半では、ゲーム理論による競争分析について説明する。

とはいえ、ここしばらく数字と論理のややヘビーな話が続いたので、疲れた読者も多いはずだ。理論に深入りする前に、もう少し具体例を挙げてみよう。

フェイスブックとインスタグラム

みなさんはフェイスブック（以下ＦＢ）は好きだろうか？　私は嫌いだ。私は嫉妬深いので他人の自慢話など絶対に聞きたくないし、かといって愚痴やクレームや不幸なエピソードを開陳されても嬉しくない。選挙運動や社会運動や「道徳的なメッセージ」が流れてくると押しつけがましく感じるし、広告宣伝の類も見当外れのものばっかり。マーケティング研究者やＦＢの機械学習エンジニアは、一体なにをやっているのだろうか。

……にもかかわらず、私自身の自慢話は脳天気にどんどん載せてしまうし、80％くらいの確率で不愉快になるのが分かっていても、他人のニュースもつい見てしまう。となるとFBのエンジニアたちは、やっぱりいい仕事をしているのかもしれない。ツイッターや他のSNSも同様だ。

10年くらい前のFB利用者は、今ほど沢山の写真をアップロードしていなかった。だが、その兆候はあった。写真投稿がメインのSNSである、インスタグラムの人気が上昇していたのである。どちらもシリコンバレーの新興企業ではあるが、FBが既存企業（2004年創業）、インスタグラムが新参企業（2010年開業）という立ち位置になる。この新技術・新サービスを提供するインスタグラムは、ひょっとしたらFBを脅かす存在になり得たかもしれない。

「かもしれない」と言うのは、その後インスタグラムは独立企業ではなくなったからだ。
既存企業であるFBの動きは速かった。2012年、FBはインスタグラムを10億ドル（当時のレートで約800億円）で買収した。インスタグラムに投資していたベンチャーキャピタルは当時、同社の企業価値を5億ドルと見積もっていた。いきなり相場の2倍もの金額を支払ったことになる。FB経営者マーク・ザッカーバーグ氏の決断を疑問視し、ハイテク・バブルの再来と片付ける向きも多かった。

しかし「抜け駆けと競争効果」にまつわるここまでの論旨をふまえると、新規参入者を抹殺する（あるいは抱き込む）ことがいかに重要か、ザッカーバーグ氏がどうして800億円も払う気になったのか、われわれにも想像できるだろう。新参企業自身にとっては「そこそこ」の価値しかない事業であっても、その参入によって巨額の利益を失うかもしれない既存企業にとっては、「何が何でも」芽のうちに摘んでおきたい脅威なのである。

FBによる大型買収案件はこれに尽きない。FBが中高年ユーザーに浸透するにつれ、子供世代は「親の目が届かない遊び場」を探すようになった。その受け皿のひとつがワッツアップというメッセンジャー・アプリ（2009年創業）だ。となると読者諸氏にも、次の展開は予想がつくだろう。

当然の流れとして2014年、FBは19億ドル（当時のレートで1900億円）でワッツアップを買収、傘下に収める。ベンチャー企業の買収額としては史上最高値の記録を更新した。

本章の冒頭で触れた、グーグルとFBによるディープマインドの買収合戦も、やはり2014年だった。ここまでの分析をふまえると、その意味合いを、改めてよく理解できるのではないだろうか。グーグルは1998年創業の20世紀生まれ、FBよりも一回りスケールの大きい「既存企業」である。新技術の登場や新参企業の台頭によって失う（かもしれない）ものはFBよりも大きい。

毎年大量に新興企業を買収することで有名な既存企業としては、他にシスコ（ネットワーク機器製造）やマイクロソフト（パソコン用ソフトウェア）、ゼネラル・エレクトリック（以下GE、発明家トーマス・エジソンが創業した電気機器メーカー）が挙げられる。ちょっと先の話になるが「イノベーターのジレンマ」の解決編に突入する10章では、シスコの手口や関連書籍も紹介するので、お楽しみに。

ただしGEに至っては、もはや一体何の会社なのか分からないくらい多業種にまたがっているし、ハイテク一辺倒の会社でもない。本章の切り口で論じるのは無理があるかもしれない。多角化や異業種への参入をともなうM&Aの場合、「既存企業」としてのインセンティブがどうこうというよりも、単に各市場への「新規参入の一手段」としての買収になるからだ。

このように、ある会社が「既存企業」なのか「新参企業」なのかは、文脈次第で異なる。

前章の「イノベーションの分類」の節でも述べたが、専門用語を振り回す前に、まずはあなたの「問い」が何なのかを明らかにすべきだし、その問いを決して忘れてはならない。そして、問いに答えるために有意義なのはどういう視点と理論なのか、そこまできちんと考えることだ。そこまでして初めて、現実の企業や市場に対してどのような用語や概念をあてがうのが適切なのか、それを判断できるようになる。（ただし、ある程度は「概念」や「思考の型」を知らないと、そもそも「筋の良い問い」に辿り着けないので、要はバランスだ。）

不完全競争のゲーム理論

ここまでに出てきたのは、独占と複占という2タイプの市場構造、そして既存企業と新参企業という2タイプのプレイヤーだ。業界にいる主な企業の数が少ない場合（おおまかに言うと、大手5社とか10社以内のケースを想定してほしい）、ライバル同士がお互いの出方次第で損したり得したりする。こういう状況を「戦略的状況」とか「ゲーム理論的状況」という。

あるいは「**不完全競争**」ともいう。ちなみに対義語は「**完全競争**」で、経済学の教科書で一番最初に登場するのは大体これである。完全競争の市場においては、ライバル企業がどうとか自分の戦略がどうとかいう余地はなく、「小さく無力な企業」が無数にひしめく、利益ゼロの地獄のような世界だ。そこでは参加企業に価格決定権は全くない。

しかし世の中のほとんどの業界では、それなりに存在感のある大企業がいて、日々ぶつかり合っている。また、中小企業や個人事業の場合でも、一見無数のプレイヤーがひしめいている「完全競争」のような印象だが、個別の町や個別の業種ジャンルに着目すると、真に競合関係にある相手はそれほど多くない。

たとえば、前章の最後に出てきた世田谷区喜多見のスーパーと、隣の成城学園にあるスーパーとは、実質的にはあまり競合していなかった。

要するに世の中の大半の「競争」は「不完全競争」なので、本当はゲーム理論を使わないときちんと分析できない。入門レベルの経済学ではそこまで教えてくれないし、教わってもすぐに忘れてしまうものだ。一念発起してビジネススクールに行っても、入門レベルの経済学より踏み込んだ（不完全競争のような）内容を学べるクラスは少ない。したがってＭＢＡ（経営学修士）の学位取得者であっても、現実の競争に対する理論的感性や理解度は、残念ながら経済学部2

年生あたりと五十歩百歩である。

……かくして世間では「経済学理論は現実的ではない」という俗説が語り継がれていくわけだが、これは不幸な誤解だ。優れた現実感覚を持つ理論家や、あるいは理論にアレルギーのない実証家であれば、「空想」と「現実」の密接な関係を浮き彫りにできるからだ。

幸い本章を読んだ方々は、「不完全競争」理論を知らない（世界中の99・99%の）人々よりも優れた世界観を手に入れることになる。それで必ずハッピーな人生が送れるかどうかまでは保証できないが、学んでおいて損はない。

本書はゲーム理論の教科書ではないから大ざっぱな説明に留めておくが、代表的な不完全競争モデルのエッセンスを知っておいていただこう。

パリの数学者「ライバルは少ない方がいい」

不完全競争、つまり現実の市場においては、**ライバルは少なければ少ない方がいい**。例外は色々あるが、まずはこの「当たり前の一般論」を骨の髄まで叩きこんでおこう。

ライバルが多いと、利益が少なくなる。

次ページの図表3-2は、**利益と競争度の関係**について、典型的な2パターンを表している。

左側のパターンAは極端なケースで、企業数（横軸）が2以上になると利益（縦軸）がゼロに

図表3-2　ライバルは少ない方がいい

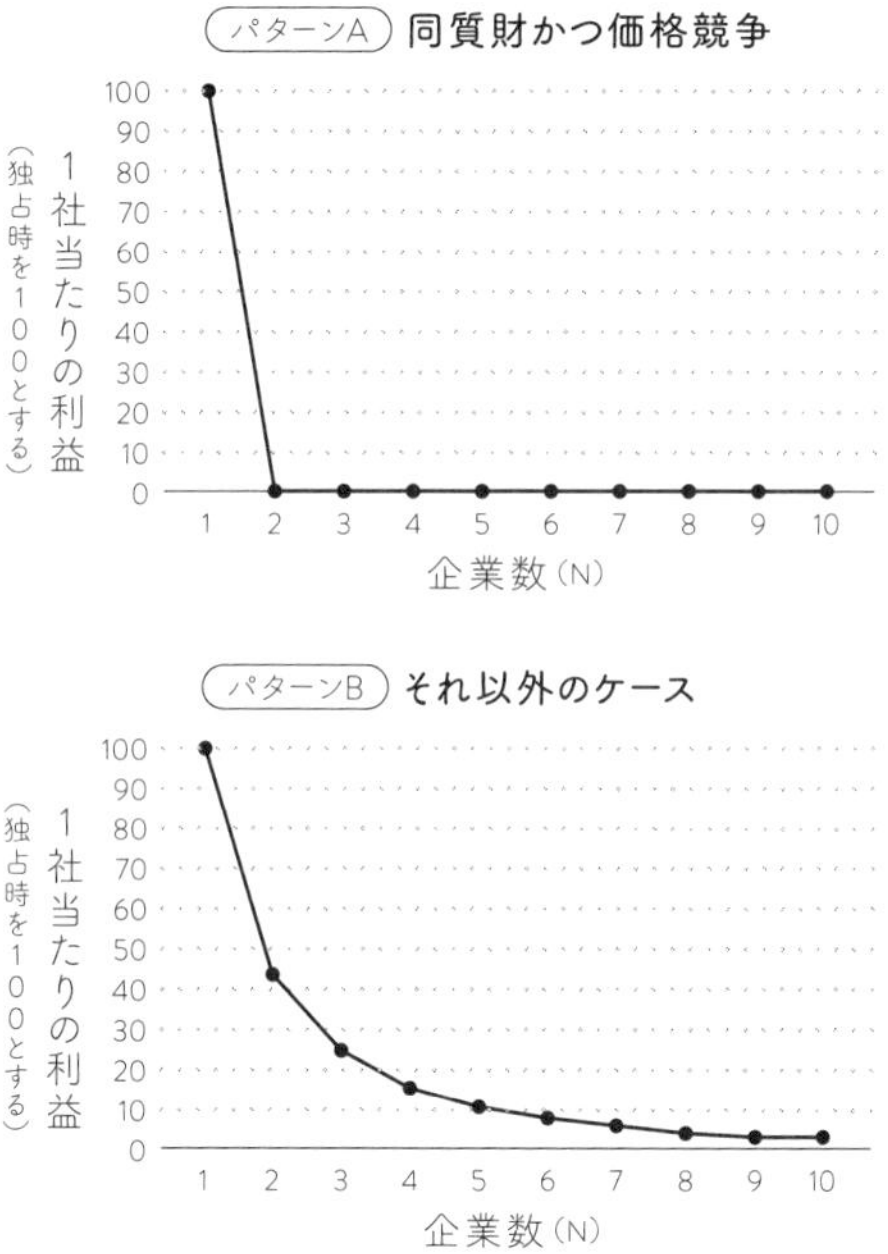

下がってしまうという残念な世界である。これは、前章に出てきた用語でいう「同質財」の市場において、「価格競争」が起こっているパターンである。

　例としては、セメント。建設工事（マンションとかトンネルとか）には、セメントが必要だ。各国政府は経済動向を調べるために、毎年いろんな産業の統計を作っている。産業の分類にも、大ざっぱなもの（農林漁業とか製造業とか）から詳細なもの（半導体製造用露光装置とかタイ古式マッサージとか）まで、様々なレベルのきめ細かさがある。だがセメントに関しては、どれだけ細かく分類した統計を見つけようとしても、大体「セメント」の1分類しか存在しない。

そのくらい製品差別化の余地が少ない、「同質財の中の同質財」である。

セメントは正直あまりエキサイティングな品物ではないが、だからこそ同質財の例としてはうってつけである。しばらくこの灰色の粉の話をしよう。

さて、セメント屋の顧客は、生コンクリート製造業者や建設業者だ。彼らはセメントを購入し、水や砂と混ぜて生コンクリートを練り上げ、棒状の鋼材（異形棒鋼）と合わせて鉄筋コンクリートにする。良質の鉄筋コンクリートを作り上げるにはそれなりの修練が要るが、それはまあ別の話で、とりあえず建設会社としては工事の原材料費を抑えたい。

同じ立地で同じ品質のセメントを売っているセメント業者が2社あったなら（玉屋と鍵屋とする）、土建屋（伊神組とする）の資材調達部員としては2社にそれぞれ価格見積もり書を出させたい。もし玉屋のほうが割高（たとえば1トン当たり1000円）なら、「お隣の鍵屋はトン800円でいいと言ってる。あんたらやる気あんのか、ああん？　誠意を見せて下さいよ、誠意を」と脅して700円に値下げさせ、今度はその見積もり書をもって鍵屋に値引きを要求すべきだろう。仁義なき価格競争はやがて「これより安値だと本当に赤字」という血みどろゾーンに突入。かくして伊神組資材調達部員の仕事は一段落する。

「そんなことをしているのはブラック企業だけだよ」と思ったあなたは優しい、というか甘い。

誰だって、同じ物を買うなら安い方がいい。同じようなものを売っているプレイヤーが2社以上いれば、(原理的には)そこでの価格競争は利益がゼロになるまで続く可能性がある。この理論を提案したのは19世紀パリの数学者ジョゼフ・ベルトラン氏なので、「価格による不完全競争」のことを「**ベルトラン競争**」という。その論理的帰結(価格と販売量の最終的な落ち着き先)を「ベルトラン均衡」と呼んだりもする。

ちなみに、前章にも出てきたが、「均衡」というものは「みんながそれぞれ自分の得になるように行動した結果、いろいろな物事がどの辺りに収まるか」という、「競争の行きつく先」のことである。

売り手や買い手が無数にいる「完全競争」の場合とは違って、プレイヤー数が限られた「不完全競争」についての論理を明解にするには、20世紀アメリカの数学者ジョン・ナッシュ氏らによるゲーム理論の登場を待たねばならなかった。

フランスの田舎数学者「ライバルはやっぱり少ない方がいい」

以上のケースはやや極端である(利益ゼロ)。もう少し汎用性のある、図表3-2のパターンBの話にうつろう。「ライバルが増えると利益が減る」という基本パターンは同じだが、そのスピードがもう少し緩やかだ。前節で語った

①同質財の価格競争

以外のケースは、大体こういう形をしている。具体的には、

②同質財の数量競争
③差別化財の価格競争
④差別化財の数量競争

という3つのケースだ。

「数量競争」というのは、たとえば工場設備の物理的なキャパシティ（生産能力）とか、あるいは毎月の生産計画・材料調達・人員確保・勤務スケジュール、そしてセールス部隊の人数とノルマなど、とにかく「ある一定の生産量・売り上げ目標」ありきの競争である。

最終的には自社の営業マン&ウーマンと、他社の営業マン&ウーマンの間で、ベルトラン風の値引き競争が発生したりもするが、あらかじめ「ある程度の数量制限・数量目標」が課されているところが、より現実的といえる。

この図式は、やはり19世紀フランスの、ブルゴーニュにほど近い田舎に生まれた数学者アン

トワーヌ・クールノーが発案したので「**クールノー競争**」、そしてその結果として行きつく価格と販売量を「クールノー均衡」と呼ぶ（その数学的精緻化は、ベルトラン競争と同様、ゲーム理論の登場を待つことになる）。

クールノー競争の場合は、たとえ同質財であっても、そして2社目、3社目のライバルが現れても、ベルトラン競争のように利益がいきなりゼロになったりはしない。

ケース①（同質財の価格競争）とケース②（同質財の数量競争）を比べよう。どうして価格競争よりも数量競争の方がゆるやかな競争で済むのだろうか？

その理由は、ベルトランのゲーム設定には「客が欲しがれば、瞬時に、しかもいくらでも無限に、商品を生産・販売できる」という究極のフリーダムが許されていたからだ。ブレーキの壊れた自転車で坂道を下るのは怖いものだが、それと同じように、時間と空間の制限がないベルトランの世界観においては、たった2社が競争しているだけであっても、値下げレースに歯止めがかからない。

逆にクールノーのゲーム設定には、「一定期間に生産・販売できる数量には限りがある」という現実的な制約（あるいは「時間」の感覚）が織り込まれている。よって、いくらセールス部隊同士が安値競争を繰り広げても、「これ以上売ることは出来ない。そこそこの値段をキープして収益を確保しよう」というブレーキが最終的には働くのだ。

それではケース③とケース④の「差別化財」はどうだろう。価格競争であれ数量競争であれ、

図表3-3　不完全競争と利益の関係（4ケース）

競争のタイプ / 財の特性	価格競争（ベルトラン）	数量競争（クールノー）
同質財	ケース1 パターンA	ケース2 パターンB
差別化財	ケース3 パターンB	ケース4 パターンB

各社の売り物がそれぞれ異なる場合は、競争はゆるくなる。前章で学んだとおり、商品間の「代替性」あるいは「共喰い度」が低くなるからだ。同業のライバルが沢山いても、自社と直接競合しない商品を売っているのであれば、彼らの存在を気にする必要はあまりない。

財の異同と競争タイプによる4つのケースについて、以上の話をまとめると図表3-3のようになる。繰り返しになるが、要は「ライバルは少ない方がいい」ということだ。誰でも知ってる一般論だが、この原則を忘れると、往々にしておかしな結論を導いてしまう。本当に大事なことなので、ぜひ忘れないでほしい。

ちなみに19世紀フランスで確立されたこの原則を経営学に翻訳したのが、マイケル・ポーター氏による『競争の戦略』（1980年）だ。現代の経済学からすると少々古くさいが、ビジネス・スクールに行くと必ず学ぶ話なので、読んだことのない人は立ち読みくらいはしておこう。この話は、7章でもう少し詳しく説明する。

第4章 能力格差

Chapter 4 Heterogeneous Capabilities

たとえばスポーツ競技において選手間に優劣があるように、会社のイノベーション能力にも優劣がある。やや漠然とした言い方だが、本章はそういう能力格差の話である。

もちろん何をもって「優劣」を定義するか、そもそも「能力」とは何を指すのか、そのままでは曖昧だし、議論の余地は大いにある。本章で語るのは企業の研究開発能力、またその成果を生産・販売まで繋げて、プロセス・イノベーション（生産費用の低減）やプロダクト・イノベーション（新商品の導入や品質の改善）を実現する能力のことだ。

「破壊的イノベーション」は、分類というよりエピソード

経営学者クリステンセン氏が『イノベーターのジレンマ』で強調したのは、既存企業の社内においては既存の大口顧客の要望が最優先される点だった。それは必ずしも悪いことではない。というかむしろ望ましいことだ。最大の「金づる」を一番大事にするのは当たり前だ。ある意味で「最適」な経営判断である。

問題があるとすれば、それは次のようなケースだろう。1章での話を時系列順に細かく並べてみると……

①大口顧客が既存の製品・サービスばっかり注文している。
②そのため、既存企業の社内においては次世代技術の開発が軽んじられている。
③そうこうしているうちに世の中の風向きが変わり、次世代技術の実用性が高まる。
④やがて当の大口顧客も、新製品を要望するようになる。
⑤しかし既存企業には、新たな需要に応えられるだけの技術や製品が無い。
⑥結果的に、ライバル企業や新興勢力に市場を丸ごと持っていかれてしまう。

こういう一連の流れを指して、クリステンセン氏は「破壊的（disruptive）イノベーション」と

呼んだ。

実際、歴史上よくあるパターンだし、「破壊的」という言葉は刺激的で何となくかっこいい。同書の刊行から20年以上経っても、いまだに流行語である。

しかし曖昧な言葉なので、本書ではあえて使わないことにする。イノベーションの程度を分類するなら、2章で紹介した「漸進的」(incremental)と「急進的」(radical)という形容詞で十分だし、イノベーションの経済的性格を分類するには「工程(プロセス)」と「製品(プロダクト)」を区別すればよい。

しかも、実はクリステンセン氏自身も、あまり真面目に定義していない。そのせいで、「破壊的イノベーション」という言葉を使うと議論の収拾がつかなくなる。具体的にそれが何を指しているかは人によって異なるので、みんな頭が混乱してしまうのである。残念ながら、(まじめな)経済学者が使うに値するような明晰な概念ではない。

だから「破壊的イノベーション」は技術革新のタイプそのものと言うよりも、むしろ上記①〜⑥のような一連のストーリーを指す、漠然とした現象名だと考えるべきである。その方が頭の整理になるだろう。こういうふうに割り切った上であれば、どんどん使っていただいて構わない(ただしプロの経済学者は迂闊に使わないように)。

さて、「大口顧客の当座の要望に耳を傾けているうちに、技術の波に乗り遅れてしまう」ということは、そういう経営判断は「短期的にはOK」でも、長い目で見たときには「不適切」な経営判断だったわけだ。①の時点においては（静的な資源配分という意味で）「最適」にみえた方針が、⑥の時点まで時計の針を進めると、（技術と産業のダイナミクスへの動的な対応という意味では）「最適」ではない。きちんと先を見越した資源配分になっていなかった、ということになる。

「静と動」、あるいは「近視眼 vs 千里眼」

「静」と「動」の区別は本質的なことなので、もう少し説明しておこう。ちょっとゴツゴツした響きだが、経済学用語としては「**静学的**」（static）と「**動学的**」（dynamic）の2つを覚えておいていただきたい。

静学的というのは、ある一時点での物事を、さながら写真のスナップショットのように切り取るイメージだ。初期時点では、大口顧客は旧来の製品だけを要望している。メーカー側も従来製品だけに注力していればよい。こういう着眼点のことを、とりあえず「**近視眼的**」（myopic）と呼んでもいい。厳密には少しだけニュアンスが違うが、その点は後で説明する。

逆に動学的というのは、先々の状況の変化まで見越した上で、その場その場に対応していく感じだ。スナップショットとは対照的に、あらかじめ結末まで想像しながら映画やビデオを眺めているイメージである。「近視眼的」の対義語として「**先見的**」（forward-looking）という言葉を使うこともある。

たとえば、老後に備えて貯金するとか、将来性を見込んで（退屈だけど）真面目そうな人とお見合いしてみるとか、「来たるべき人工知能革命」に備えてプログラミングの勉強を始める、とかである。

もちろん、未来について予想を立てて行動することと、その予想が本当に当たるかどうかは、別問題である。預金先の銀行は潰れるかもしれない。「真面目そう」な人が本当にいい人とは限らないし、将来成功するとは限らない。そして「人工知能革命」で最初に失業するのは、ひょっとしたらプログラマーかもしれない。

ただ、実際に当たるか当たらないかは別として、「先の展開を何かしら予想しておく」こと、そして「先を見越した上で、得になるように今のうちから行動しておく」こと。その重要性をここでは強調したい。

なお、すでに経済学になじみのある読者は、静学的分析が必ずしも近視眼的とは限らないということも、知っておくとよい（これはマニアックな点なので、初学者や先を急ぐ読者は気にしなくてよい）。今も未来も状況が大きく変わらないケースにおいては、その場その場で（静的に）最適な決断が、時の流れの全体を通しても（動的にも）やはり最適だった、という場合もあり得る。つまり厳密には、静学的な分析というのは単に一時点だけを切り取ったスナップショットだけではなく、同じ情景がずっと続く（やや退屈な）ビデオ、つまり「定常状態」（steady state）を読み解くことにも通じている。

既存企業の弱点

……というわけで、大口顧客の求めるままに従来事業に注力するのは「静学的に最適」な予算配分ではあるが、新事業が未発達なままではいずれ会社全体が倒産の危機に見舞われる（かもしれない）という見地からは「近視眼的」な判断である。

時流についていけずに滅びていった企業は多い。そういう事例を取り上げて、経営者の先見性のなさをあげつらい、「もしもあの時ああしていたら、こうしていれば」と「たら・れば」を語る人も、これまた多い。しかし現実の組織にあって実際の経営判断をする場合、「分かっちゃいるが、どうにもならない」という残念な事態は、非常によくあるものだ。

どうしてそうなるのだろうか？

代表的な理由を３つばかり検討してみよう。

第１に、人や組織には惰性というものがある。一旦決まってしまった予算配分や人員配置、組織内の勢力図というものは、翌年になってちょっと外部環境が変わったからといって、いきなりガラっと一新できるものではない。ましてや、従来事業で成功してきたからこそ、既存企業は大所帯にまで成長できたのだから、まだ実績を上げていない新事業部ごときがそれを上回る発言力や政治力をもつことはあり得ない。

たとえば、パソコンのＯＳ（オペレーティング・システム）であるウィンドウズや、文書・表計算・スライド作成ソフト群「オフィス」で財を成したマイクロソフト社。いかに時代が変わろうと、この会社の中に「ウィンドウズ事業部やオフィス事業部よりも強力な社内勢力」は生まれにくいのではないか。

「これからはモバイルだ」

「これからはSNSだ」

「これからはビッグ・データだ」

「これからは人工知能だ」

ファッション業界さながらに毎年「次はコレだ！」というトレンドが目まぐるしく行き交う。山の天気のようにコロコロ変わるIT業界の中であればこそ、安定して稼ぎつづける従来事業はむしろ存在感を増すばかりだろう。

第2に、経営トップの主観や情報網、そして彼らの個人的な関心事も、従来事業の成功体験にひきずられがちだろう。そもそも社内出身の社長や幹部というのは、それまでの主力分野で成果を上げてきたからこそ、現在の地位にありついたわけだ。したがって当人たちの世界観のみならず、社内外のつき合いだって、やはり旧来の技術や商品を中心としたものになる。

この人たちの下で働く部下たちの中には、あるいは新技術に注目している人材もいるかもしれない。しかし、立場上、わざわざ上司の反感を買うような報告や進言はしづらいものだ。べつに悪気があるわけじゃない。無能なわけでもない。だが人間だれしも「明日の社運」よりも

「今日の自分」のほうが大事だし、「今日の部下」が言うことよりも「昨日の自分」の成功体験を大事にしたくなるのではないか。

２０１０年に破産申請した米国のレンタルビデオ・チェーン店であるブロックバスター社の敗因は、「映像作品のオンライン配信」という新潮流に乗り遅れた点にあるとされる。その分析は、おそらく正しい。閉店の相次ぐレンタルビデオ屋を尻目に、新興企業のネットフリックス社はオンライン配信で業績を伸ばしつづけた。

ブロックバスター社は、必ずしもオンライン配信技術を知らなかったせいで滅びたわけではない。後続のネットフリックス社がオンライン配信を開始するよりも前の２００６年という早い時点で、実はブロックバスター社自身が、オンライン配信事業の立ち上げに成功していたのである。オンライン配信の顧客も着実に増えつつあった。当時の社長は株主向けスピーチの中で「オンライン事業こそわが社の未来。これからもどんどん伸ばしてゆく」と強気で前向きな発言をしていた。

しかるに、たった4年後の破産申請。この結果を見ると、どれだけ本気で新事業に舵を切っていたのか怪しいものである。そして仮に社長に正しい見識があったとしても、これまで自分自身が培ってきた従来型の店舗事業をバッサリ一気にリストラするのは難しい。同僚や部下や先輩たちをある日全員クビにするなんて、人間のやることではない。あと数年で引退すれば静かに余生を送ることができるのだ。わざわざつらい決断などせずに、ちょっと問題を先送りすれば済む話ではないか？　年配の経営者、あるいは人情深い「いい人」をトップに戴《いただ》くと、そんな「穏当な」方針が採られることだろう。

第3に、大きな組織というのは、それだけで情報の伝達効率が下がってしまう。組織の末端の生産・営業現場には、生の情報があるかもしれない。だが、それらがすべてトップに届くことはない。現場とトップの間に中間管理職や事業部の境い目がはさまる限り、程度の差こそあれ「伝言ゲーム」のようなノイズや非効率が発生してしまう。しかし、だからといって社長自らが全社員からの直訴メールにすべて目を通していたら、それだけでトップは過労死してしまうだろう。階層的で官僚的な構造というのは、ある程度成長した組織にとって避けがたい必要悪なのだ。

インテルの事例

こうした「大企業病」の例はいくらでもあるから、逆に面白い反例を挙げよう。パソコンの頭脳部にあたる半導体チップ、ＣＰＵ（中央演算ユニット）の大手であるインテル社は、１９６８年の創業以来、１９８０年代まではＣＰＵではなくメモリ（情報記憶）用の半導体チップを主力事業として発展してきた。しかし日本の電子機器メーカーがメモリ市場に大挙して参入してきたので、この従来事業はすっかり薄利のカネ食い虫に成り下がってしまう。一方、ＣＰＵの方はまだ利益率が高く、生産・販売の現場では少しずつこちらを主軸に据えるようになってきていた。

1985年のある日、経営トップのアンドリュー・グローブ氏とゴードン・ムーア氏の間でこんな会話が交わされる。暗い気分でオフィス窓外の遊園地を眺めながらグローブ氏が問う。

「もしも取締役会が俺たちをクビにして、新しいCEO（最高経営責任者）が着任したら、彼は一体どんな手を打つんだろうな？」

ムーア氏は躊躇わずに即答した。

「メモリ事業からの撤退だ」

グローブ氏はぼんやりとムーア氏の顔を見つめて、それから言った。

「じゃあこうしよう。あんたと俺がこの執務室から出て行って、また入って来て、それでメモリ事業から撤退すればいいいんじゃないか？」

（Andrew S. Grove, 1996. Only the Paranoid Survive: How to Exploit the Crisis Points that Challenge Every Company and Career, Doubleday. 邦訳『パラノイアだけが生き残る』日経BP社。上記の訳と傍点は伊神による）

ちなみにここで登場するムーア氏は、「半導体デバイスの回路密度は18～24か月で2倍に改善する」という経験則「ムーアの法則」で知られる、半ば伝説の人物である。

かくして「メモリのインテル」は死に、「CPUのインテル」に脱皮したのだった。

ただし、この例外的ケースから我々が学ぶべきは、むしろ「実際はなかなかこうは行かない」

という残念な教訓であろう。インテルが幸運だったのは、「新事業の方が利益率が高い」という珍しい境遇と、「利益率を自動的に反映して操業してくれる」という優れた末端の仕組み、さらに「ドアを出入りするだけで気分を一新できる」くらい割り切りの速い経営者、という好条件が3つも重なっていたことだ。

旧来の主力事業を損なうような方針は、普通の組織ではタブーになってしまう。アナログ写真用フィルムを作っていたイーストマン・コダック社は、1970年代という早い時点で既にデジタル・カメラの開発に成功していた。しかし、フィルム事業は利益率が極めて高かったのに比べて、デジタル事業にはフィルムのようなおいしい商品がない。しかも、もしデジタル・カメラが普及してしまったら、アナログ用フィルムという主力事業そのものが立ち消えてしまうだろう。かくしてデジタル技術はお蔵入りとなる。

……それに遅れること30年、ようやく到来したデジタル化の波に飲まれた同社は、2012年1月に破産申請した。

折しもそれは私が、アメリカの大学に職を得ようと各校の採用面接に臨んでいる最中の出来事だった。「ジレンマ」研究を手土産の博士論文としてプレゼンテーションしていた頃である。面接当日の新聞朝刊にこういう1面記事が載ると、私の研究に対する採用側の関心も自ずと高まる。コダック社員とその家族にはお気の毒さまだが、素晴らしいタイミングの破産申請であった。著者が研究職にありついて今この本を書いていられるのは、ひょっとしたら彼ら彼女らの失業のお蔭かもしれない。

ハードディスク駆動装置（HDD）の事例

同様の例としては、クリステンセンが彼自身の博士論文で研究したハードディスク駆動装置（HDD）も挙げられる。1990年代前半まで、デスクトップ・パソコン用のHDDは直径5・25インチで、現在の規格（3・5インチ）より大型だった。しかしパソコン本体の小型化・省エネルギー化が進むにつれ、徐々に小型な新製品の人気が出てくる。

旧世代のトップ・メーカーであるシーゲイト社は、3・5インチ製品の開発・製造・販売に、あまり乗り気ではなかった。

同社の創業者の1人、ファイナス・コナー氏は当時まだ若く、「これからは3．5インチだ！」と息巻いたが、年配のアル・シュガート氏ら他の経営陣は従来商品との「共喰い」を心配し、コナー氏の新商品企画にブレーキをかけた。

そこで彼は独立し、コナー・ペリフェラル社を新たに創業、3・5インチのHDDで覇権を築く。ギネスブックを更新するほどの急成長ぶりだったが、大型買収の失敗に伴う資金難により、コナー社はその後、母体であるシーゲイトに吸収合併され消えてしまう。

とはいえ、21世紀のシーゲイトの礎《いしずえ》となったのはコナー社製3・5インチHDDだったから、本質的には「既存企業シーゲイトというよりも、むしろ新参企業コナーの方が生き残ったのだ」と言えないこともない。（だから、このエピソードをクリステンセン氏の研究に対する「反例」のように見なすのは、早計である。）

ちなみに著者がコナー氏に直接取材した2015年春の時点で同氏は72歳だったが、人生8番目の創業に精力的に当たっているところだった。

「失敗は終わりじゃない。そこから何かを学んだら、ただ次に進むだけだ」

……こういうスローガンはありふれているが、彼のような経歴の人物が言うと説得力がある。その年は個人的にいろいろと不幸が重なったので、妙に励まされたのを覚えている。

1年中春のような陽気のカリフォルニア州南部の別荘に私がお邪魔すると、近所のメキシコ料理屋で昼食を御馳走してくれたり、行き帰りは自分の車で空港まで送迎してくれたり、フットワークの軽い人物だった。元々エンジニアではなくセールスマン上がりのコナー氏にとって、一番嬉しいのは営業先で技術的な課題についてあれこれ談話している際に時折訪れる、

「それ、ウチの技術で出来ますぜ！」

「えっ、本当ですか!?」

という瞬間らしい。

私は、彼の成してきた仕事（シーゲイト社やコナー社の創業と経営）のお蔭で自分の仕事（それらについての経済学研究）があるという事実に、感謝を表明した。そしてメキシコ料理屋で一緒に記念写真を撮ってもらうと、フェイスブックに載せて自慢したのであった。

既存企業の強み

さんざん悪口を言っておいて何だが、実績ある大企業というステータス（地位）は、基本的には強みである。そこには、

- カネがあり、
- 人がおり、
- 技術があり、
- 信用があり、
- ブランドがある。

もちろん、古くてデカいだけで、このような資源が何ひとつ残っていない可哀想な既存企業も、世の中には沢山あるだろう。しかしそういう会社はある意味「既に死んでいる」ので、い

ちいち語らないことにする。

本書のテーマは「既存企業vs新参企業」だ。創業まもない新興企業との比較において相対的に既存企業には資源があると言っているだけである。

まずカネ。新技術の開発や導入には資金が必要だ。従来事業からの稼ぎがあれば、それを研究開発への投資、あるいは生産設備への投資に使うことができる。こういう過去の稼ぎのことを指す会計用語としては「留保利益」や「フリー・キャッシュフロー」（の蓄積による「現金・預金」）など色々あるが、本質は同じなので細かいことは気にしないでおく。

もしも金融（資金調達）市場が完璧だったならば、有望な投資案件にはそれに見合った資金が自ずと供されるはずなので、社内で蓄えた過去の稼ぎだけに縛られる必要はない。しかし現実世界はとても不完全で、摩擦と誤解と紛争と不確実性に満ち満ちているので、結局、頼れるのは自分の握りしめたカネと才覚だけ、という場合も多い。

次に技術。従来事業でこれまでに培った知識やノウハウの延長線上に、新技術が展望できる、というケースは多い。企業研究所のような形で研究開発体制が整備されていたり、法務部門から知的財産権（特許、著作権、登録商標など）の管理・防衛に関してサポートが得られるのも心強い。そして「優れた研究を何より尊いものとする風土」なんかは、ちょっとカネを積んだくらいでは一朝一夕に作り出すことが出来ない。いわば無形文化財のようなものである。

2003年に設立されたHGST（日立グローバル・ストレージ・テクノロジーズ）という会社は、

日立製作所がIBMのHDD部門を買収した上で、自社のHDD部門と合併した融合体である。買収時に重宝されたのは、まさにそういう研究開発にまつわる知的財産権と「無形文化財」だった。IBMには、1956年にHDDを発明して以来の膨大な蓄積があったし、HDDに限らず近年までは世界一の特許件数を誇っていた。（それらが必ずしも事業の収益性に直結しなかったのは、また別の問題である。本書では立ち入らないが、この点に関わる生産現場発の経営学として、藤本隆宏『能力構築競争-日本の自動車産業はなぜ強いのか』中公新書・2003年などがある。）

2012年になると、今度は業界トップのウエスタン・デジタル社がHGSTを買収し、かつて数十社に上った世界のHDDメーカーは3社に収斂した。この業界におけるM&Aの意義は、「ライバルを抹殺して独占力を高める」という赤裸々な競争戦略が主だが、IBM時代からの無形資産も魅力の一つであった。

私は2015年初頭に、HGSTの研究開発マネジャー（管理職）カリー・マンス氏に取材した。元IBM出身の彼のオフィスは、（1950年代からずっと変わらずシリコンバレーのサンノゼ郊外にある）旧IBM事業所の中にあった。買収されても吸収されても、「中の人」たちは同じ建物で同じ仕事をしている。単に社名とロゴマークだけがコロコロ変わっている。

かように、技術と人材とは切り離せないものである。よって「技術を買う」とは「人を買う」ということだ。そして人材を集めるのには時間がかかる。

同じように、「取引関係の積み重ね」にも時間がかかるし、「信用を高める」のもそうである

（ここで言う「信用」は、一般語としての意味のほかに、ツケ払い・融資審査・クレジットカードのような貸借関係にまつわる特殊な意味も含む）。また、一般消費者・顧客企業にとっての「知名度や評判」という面であれば、「ブランド力」と言い換えてもいい。

要するに、カネであれ、技術であれ、人であれ、評判であれ、「貯めるのに時間がかかる資源」は通常、新興企業よりも既存企業の方がたくさん持っている。

貯めるのに時間のかかる資源を「資本」と呼ぶ

ちなみにこういう「貯めるのに時間がかかる資源」のことを、経済学用語では、まとめて「**資本**」（capitalまたはcapital stock）と呼ぶ。ストック（stock）というのは「残高」くらいの意味である。だからたとえば、「資本主義とはカネがすべての世界」という一般的な理解は、いろんな点を見落としている。

１９９０年代のマクロ経済学では「経済成長の原動力は何か？」というテーマの実証研究が流行した。いろいろな「原動力」を「〇〇資本」と呼んで計測し、その「効果」を分析しようとしたのだ。

・労働者の教育水準が大事となれば、「人的資本」（human capital）という用語が、

・技術の蓄積と輸入が大事となれば、「知識資本」（knowledge capital）という用語が、
・長期的で互恵的な取引慣行ならば、「関係資本」（relationship capital）という用語が、
・信用・評判・ブランド力は、「ブランド資本」（brand capital）という用語が、

……それぞれ使われるようになったくらいである。

「あれも大事、これも大事」という議論は単調かつエンドレスだし、実証手法も厳密さを欠いた「単なる回帰分析」（5章で説明する）だったので、やがて経済学者達はこういう研究に飽き、笑いものにするようになった。ともあれ、いかに何でもかんでも「資本」として解釈出来るかが、お分かりいただけるのではないだろうか。

だから「資本主義とはカネがすべての世界」とか、「経済学者はカネのことしか考えていない」というのは、経済学を全く学んだことのない人だけが口にすべき悪口である。

カネはすべてではない。

たとえば愛。「神の愛」とか「一目ぼれ」みたいな特例を除けば、愛情には「貯めるのに時間がかかる貴重なもの」という側面がある。もう少し広汎に、人に対する「好感度」と言い換えてもいい。「人は見た目が8割」とか「第一印象で9割決まる」という文句はよく耳にするが、これはつまり、「スタート時点で初期投資に失敗すると、貯めるのに時間がかかって大変」と言っているようなものだ。

したがって、「ブランド資本」や「関係資本」と同様に、「好感度資本」とか「愛情資本」といった用語を発案する経済学者がいたとしても、私は驚かない。というか恐らく既にそういう論文は存在しているはずだ。

まあ「愛情資本」とか言っている段階で、何かとてつもなく大きな間違いを犯している気もする。ではしかし、神ならぬ人の世の「愛」が「愛情資本」と全く別物なのかといえば、だいたい合っている気もする。

だから経済学者は、すべてをカネのように分析する。

カネはすべてではない。すべてがカネのようなのだ。

で、結局どっちが強いの？

いつも通り脱線や寄り道も多かったが、以上、既存企業の欠点と長所を並べ上げた。ひとかどの成功を収めた既存企業と新参企業を比べたとき、「新しい技術や製品を世に出す」件についてはどちらが有利なのだろうか。「共喰い現象」とか「抜け駆け戦略」みたいな企業の「意欲」や「動機」にまつわる話はひとまず棚上げにして、基礎体力だけを比べてみたときに、どちらの研究開発・イノベーション「能力」が上なのか、という問いである。

この深い問いに対して、私は浅い答えを返すことになる。

「場合による」

「一概には言えない」

「測ってみないと分からない」

誰の能力が高いのかは、定義して、計測する必要がある。実証が必要となる課題だ。

その実証手法は、5章と9章で解説する。研究開発「投資」は「動学的」な行動なので、その「能力」を測定するのは結構面倒臭い仕事なのだ。

取りあえず、「どっちの能力が高いのか?」という問いに答える難しさを味わってもらうために、20世紀の著名経済学者ヨーゼフ・シュンペーター氏の回答を紹介しよう。

シュンペーターによる「発展」5分類

現在のチェコ共和国（当時はオーストリア・ハンガリー帝国）モラヴィア地方に生まれたシュンペーターは、1906年にウィーン大学法学部で博士号を取得。グラーツ大学教授時代の1912年に発表した『経済発展の理論』（邦訳岩波文庫）で、イノベーションと起業家について語っている。

当時シュンペーターは「イノベーション」ではなく、「発展」とか「展開」（ドイツ語Entwicklung、英語development）という言葉を使って技術革新を語っていた。その心は、「旧技術」によって達成された一つの（静学的な）均衡が、「新技術」の到来によって別の新たな（これまた静学的な）均衡に移行する様を指して「展開」と呼んだのである。

この時代にはまだ、変化のプロセス全体を通して1つの「動学的な均衡」として分析する理論がなかった。「先を見越した」個人や企業が「動学的に最適」なやりかたで物を買ったり売ったりという数学的な分析が可能になるためには、少なくとも1950年代まで待つ必要があったのである（そのエッセンスは8章で紹介するので楽しみにしていてほしい）。

シュンペーターはイノベーション（「発展」）を5つに分類した。

①新しい製造方法、
②新しい製品、
③新しい原材料、
④新しい市場と買い手、
⑤新しい産業組織、

である。

このうち①と②は、それぞれ本書でいう「工程（プロセス）イノベーション」と「製品（プロダクト）イノベーション」に該当する。

なお「新しい」の基準に関しては、べつに「自然科学上の新たな発見や発明」に基づかなくてもいい、とシュンペーターは述べている。分析対象となる市場にいる当事者（買い手や売り手）にとって「新しい」のであれば、その技術自体が世界初かどうかは、とりあえず無関係だからだ。これは経済学的に筋のいい考え方である。本書の記述も、便宜上「新技術」とか「技術革新」という言葉を使ってはいるが、意図しているのはシュンペーター同様、広義の「新しいもの」全般だ。

③と④はもう少し説明が必要かもしれない。③の「新しい原材料」は、「今までより安価な原材料を使えれば、生産コストが安く済むのでお得」という意味だ。コストに注目しているので、①の「新しい製造方法」（プロセス・イノベーション）と似たような着眼点である。

④の「新しい買い手」というのは、たとえば伝統的な手法でマイスター（職人の親方）が作ったドイツ産ソーセージをインドに持っていったなら、インドの消費者にとっては「新製品」かもしれない、という話だ。「ドイツ人マイスターの手作りソーセージ」は世界初の新発明でも何でもないわけだが、そういう製品・製法とゆかりのない土地にいけば、充分「新製品」になる。まあインド、特にベジタリアンが多い地域では、この企画は成功しないかもしれないが、②の「新しい製品」（プロダクト・イノベーション）に近い着眼点である。

最後に⑤の「新しい産業組織」。そのままでは意味不明だが、シュンペーターいわく、企業の合併や談合によって供給サイドの競争図式（すなわち「産業」そのものの「組織」）を変えてしまうことを指すらしい。

頭を柔軟にしないと、いささか呑み込みづらい発想だが、まず1つの産業全体を1つの工場とみなす。そして自分が業界のボスになったと想像してみよう。その見地からは、たとえば3つの会社がバラバラに競争している状況と、3社が合併なり談合なりによって「一体化」し協力的にふるまっている状況とでは、まるっきり別の「工場」(生産体制)を運営しているような感触になるだろう。その意味では、強いて言えば⑤も、①の「新しい製造方法」に近いニュアンスである。

まあ流石にここまでくると、正直「イノベーション」というよりも、独占とかカルテルとか、「いかに競争をなくして儲けるか」という別ジャンルの話題になってくる。世の中には独占禁止法というものがあるから、そうおいそれと合併したり談合したりすることは出来ない(出来ても、発覚すれば逮捕されるかもしれない)。

しかし原理的には、「産業全体をひっくるめたイノベーション」を構想することもできる。ある種の「革新的ビジネス・モデル」とか「プラットフォーム作り」なんかが、⑤に近いかもしれない。

さて、シュンペーターの5分類に対して、本書は

- ①の「工程イノベーション」と、②の「製品イノベーション」だけを区別する、

というシンプルな物の見方を推奨している。①～⑤について、ここまでの説明を読むうちに薄々感づいた読者もいるかもしれないが、

・①・③・⑤はどれも生産工程の「コスト削減」という意味では同じことであり、
・②・④はどちらも「新製品の導入」という意味で等価だからである。

私たちの頭脳は有限なので、暗記項目は少ない方がいい。

具体例については、２章の「イノベーションの類型」に関する一節を再読することをおすすめする。いろんなカテゴリーを作って分類する作業は楽しい。ついつい昆虫採集と標本分類に熱中してしまうものだが、私たちはせいぜいチョウとガの区別くらいで良しとして、先に進もう。

シュンペーターの二枚舌

さて本書で言う「イノベーション」が、シュンペーターのいう「経済発展」と等価だということが分かった訳だが、その担い手については、彼はどのように考えていたのだろうか？

1912年の『経済発展の理論』の中では主に「起業家」による、上記5種類の「発展」あるいは「新結合」（さまざまな生産要素を新しいやり方で組み合わせたり、新しい場所にもっていくという意味）が前面に出ている。したがって、ヨーロッパ時代のシュンペーターは新興企業の役割を重視していた、とされる。イノベーション研究者の間ではシュンペーター「マークⅠ」（バージョン1・0という意味）と呼ばれている立場だ。

ちなみにヨーロッパで結婚していたはずのシュンペーターだが、彼の伝記にはこの頃の奥さんについての記載はあまりなく、その後アメリカに渡ってハーバード大学の教授におさまる。「シュンペーター夫人」は、彼の没後に出版された和訳版書籍にも文章を寄せているが、どうやら「マークⅠ」とは別人のようだ。彼の私生活に何があったのか？　真相は藪の中である。

それはさておき、アメリカに渡ってから1942年に英語版が刊行された『資本主義・社会主義・民主主義』（邦訳東洋経済新報社、日経BP社）になると、シュンペーターの口調がやや変わってくる。

彼が「創造的破壊」のプロセスについて語るとき、そこには確かに、「新参企業の新商品」が「既存の産業」を次々と覆していく様が描かれてはいる。

しかし同書の第二部「資本主義は存続しうるか？」の後半になると、彼のトーンは妙に悲観的だ。研究所を備えた大企業の組織力・研究開発能力への高い評価が述べられている一方、ゆくゆくは起業家が活躍する余地はなくなっていくのではないか、という展望が語られる。

そして起業家という「発展」の原動力を失った資本主義経済は、既存企業という巨大な官僚機構のなかでやがて窒息していき、代わりに社会主義が台頭する、という。同書の第三部は「では社会主義はうまく機能するのか？」と題されており、早くも次の場面設定に移っている。まったく気の早い人物である。

「大企業の研究開発能力」を強調する後者の仮説は、シュンペーター「マークII」と呼ばれている。つまり、こうしてシュンペーターの足跡をたどると、新参企業と既存企業のどちらの能力をより高く評価したらいいのかについて、彼にも多少の揺らぎが見られるのである。

これを指してシュンペーターの矛盾とか二枚舌と批判することも可能ではある。しかしあまり建設的ではない。物事には色々な側面があるものだ。

結局のところ、もし「背の高い人」が沢山いるのであれば、「誰が一番高いか」は、測ってみなければ決められない。同様に、「どちらのタイプの企業もそれなりに能力が高そう」に見えるのであれば、やはり測ってみるしかないだろう。実証分析の出番である。

ここまでのまとめ

2・3・4章では、「イノベーターのジレンマ」そして「創造的破壊」にまつわる3つの理論（あるいは物事の側面）を解説した。必要な基礎知識にも、ひととおり馴染んでもらった。

- 2章に出てきた「需要の代替性」や「イノベーションの類型」、
- 3章に出てきた供給サイドの「不完全競争」、そして
- 4章に出てきた「静学」と「動学」などである。

これらの用語と概念の中には、入門レベルのミクロ経済学で紹介されているものもあれば、大学院の博士課程まで進まないと修得できないものもある。しかし現実の経済現象は、あなたが経済学博士になるのを待ってはくれない。

だから(本書のように)大ざっぱで粗削りであっても、経済学の奥深くにどんな考え方や着眼点、世界観が広がっているのかをひとしきり体験しておくのは、有意義かつ面白いことだと思う。そういう学びの機会を提供するのも学者の仕事かもしれない。

次章からは、現実世界の計量、すなわちデータ分析を含む「実証手法」について語っていく。それなりに専門的な用語も登場するが、ここまでの語り口と難易度について来られた読者であればきっと大丈夫だし、書いてあることのすべてを理解しなくても何かしら得るものがあると思う。引き続き、お付き合い願いたい。

第5章 Chapter 5

実証分析の3作法

Three Empirical Methods

前章までのあらすじ

技術の世代交代につれて企業や産業も栄枯盛衰を繰り返す（創造的破壊）。それでは、既存企業はどうしてさっさと新技術を先取りしてしまわないのか？ 座して死を待つこともあるまい。これが本書の基本的なリサーチ・クエスチョン（研究の主軸となる「問い」）である。「イノベーターのジレンマ」を経済学的に考えるために、3つの理論を押さえた。

• 第1に、新製品と旧製品の間の代替性が高いと、需要の共喰いが起こるので、既存企業にとっては新製品導入のありがたみが薄い（置換効果）。

- 第2に、そうは言っても、みすみす新たなライバルの参入を許すと「市場の独占度」が下がり、利益も激減してしまうので、既存企業はむしろ新興勢力よりも早く新技術を買収してしまうべきである（先制攻撃）。
- 第3に、「素の研究開発能力」において既存企業と新参企業のどちらに軍配が上がるかについては、双方を支持する仮説があるので、実際に測ってみたい（能力格差）。

シンプルな問いからスタートしたはずなのに、随分とややこしい話になってしまった。絵に描くと、いくつもの力が錯綜して「綱引き」みたいになっている（図表5-1）。既存企業は、一方で「置換効果」に後ろ髪を引かれているが、他方、さっさとイノベーションに踏み切って、未来のライバルが出現する前に「抜け駆け」してしまおうという誘惑にも駆り立てられているだろう。そして「能力格差」という側面において既存企業と新参企業のどちらが優れているのか、その答え次第で「共喰い」と「抜け駆け」のパワー・バランスも変わってくる。

理論的な3つの力の綱引きを、一体どうやって実証したらいいだろうか？

本章では、実証分析の3つの作法を紹介する。

何をもってマトモな（科学的な）分析とするか。学問分野によって「しきたり」はいろいろだ。

図表5-1　経済学的に見た「イノベーターのジレンマ」

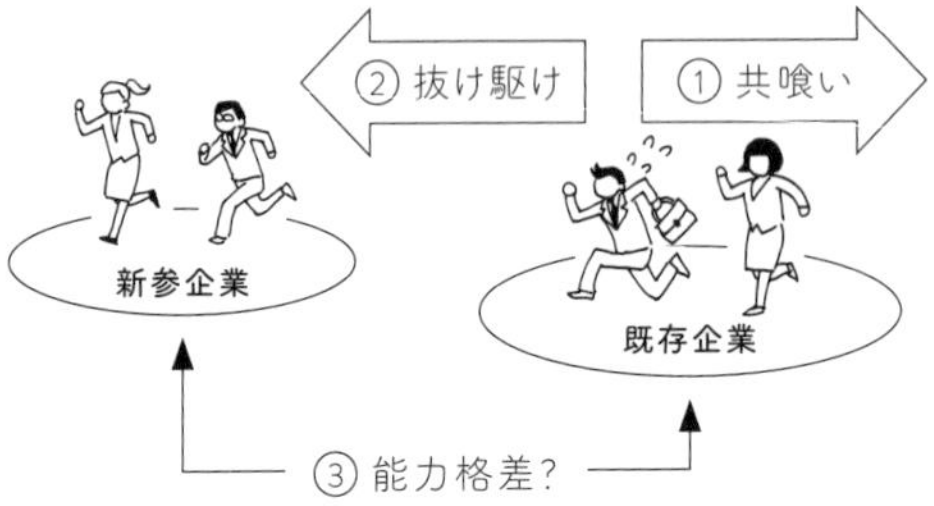

① 共喰いする分、既存企業の意欲は低い。
② 抜け駆けすれば、ライバル参入を抑止できる。
③ 研究開発能力の優劣次第で、①・②のバランスも変わってくる。

3つの理論的「力《ちから》」を、どのように実証すればよいのか？

みなさんも日常的にニュースとか、仕事や生活にかかわる情報を、信頼したり・しなかったり、知らず知らずのうちに選別しているはずだ。そういうご自身の「現実感覚」を鍛えるつもりで読んでほしい。自分の専門分野や業界の「しきたり」と比べてみるのも面白いだろう。

手法①　データ分析（狭義）

実証研究と言って経済学者がまっさきに思いつくのは、単純なデータ分析、いわゆる「回帰分析」という統計手法だ。

もちろん全ての実証分析は、何らかの意味で「データ」を分析する。だから広義にはあらゆる実証分析がデータ分析ということになる。しかしここでは「狭義のデータ分析」として、後述の「実験」（手法②）や「シミュレーション」（手法③）を伴わない分析を念頭に置くことにする。「その辺に転がってる有り合わせのデータを使って、何らかのパターンを統計的に発見してみよう」という、一番よくある実証研究だ。

相関関係

「狭義のデータ分析」が扱うのは、数量的なデータの中にあるパターンを、主に「相関関係」に着目して抽出する方法である。

相関とは、たとえば人間の身長と体重のように、たくさんの人々を集めて測ったときに浮かび上がってくる「背が高い人は、体重も重いことが多い」といった傾向のことである。

- 身長をX、
- 体重をY、

という「愛称」（変数名：いろいろな数値を取りうるので、こういうXやYを「**変数**」と言う）で呼ぶことにすると、この場合、

- XとYには**正の相関**がある、

図表5-2　「身長と体重」の散布図

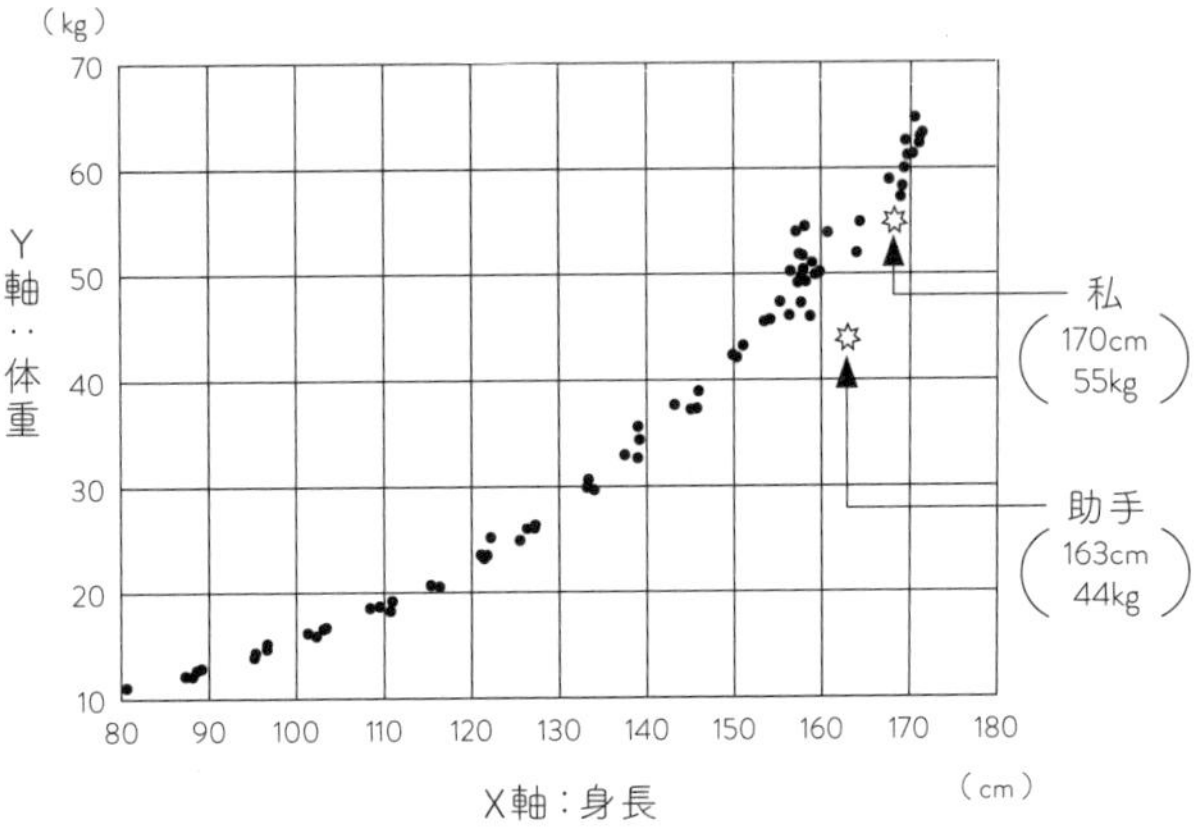

と言える。

「Xが増えると、Yも増える」という、正比例のような関係だからだ。逆に「Xが増えると、Yが減る」パターンは**負の相関関係**という。

Xを横軸、Yを縦軸で測ると、1人1人の身長と体重をそれぞれ平面上の点で表現できる。集めた全員分のデータを図上に表示すると、点々がバラまかれた感じになるので、こういうビジュアル表現を「**散布図**」という（図表5-2）。

回帰分析

一番単純な「回帰分析」は、こうした点々のパターンを捉えるために、

- 1本の直線を散布図に書き入れる

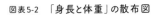

図表5-3 「身長と体重」の回帰分析

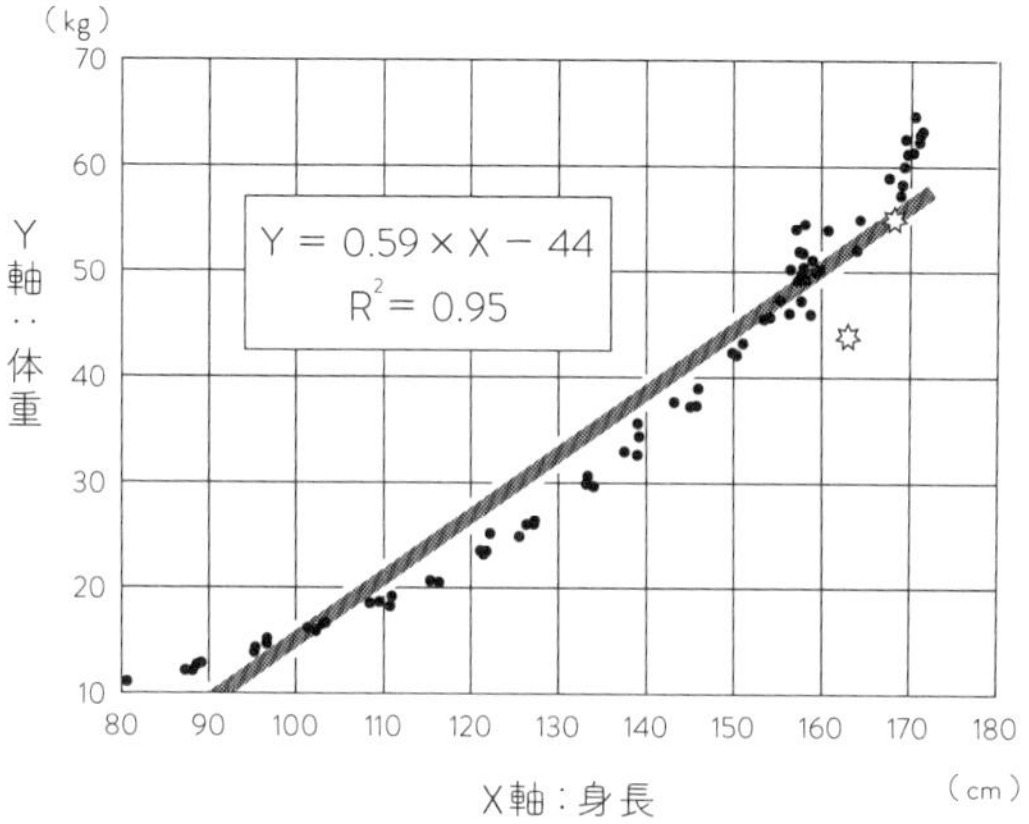

ものだ。身長と体重は正の相関関係にあるから、それを表す「傾向線」も右上がり、つまり「傾きが正」になる（図表5-3）。

傾向線の書き方にはルールがあって、勝手にフィーリングで決めてはならない。そのルールとは、

- 出来るだけ「全部の点々のど真ん中を射抜くような線」になるように、「切片」と「傾き」を選ぶ、

というものだ。

線の引き方のルールには幾つかバリエーションがあるし、実は直線（一次関数）じゃなくて曲線（二次関数とか指数関数など）でも良い。さらにもっと複雑なパターンでも良い。ある種の「機械学習」手法とか「ノンパラメトリック推計」

と呼ばれる専門分野が、いろいろなデータ分析の可能性を探究している。

本書は統計学や計量経済学の教科書ではないので、この位の大ざっぱな説明に留めておこう。理解を深めたい方は巻末のブックガイドを参考に、知識を深めていただければ幸いである。

ただし注意点としては、いろいろな統計手法を追いかけるのに夢中になり過ぎないように。「イノベーションの分類」にハマり過ぎると、「分類のための分類」に陥ってしまうのと同様、次々と開発される新手法を追いかけるだけでは「知識のための知識」になりかねない。ただ単に「新技術を知っている」こと自体には、あまり価値がない。「昆虫採集」の目的を見失わないように気を付けよう。

因果関係

このように、

- 「相関関係」は生のデータの中に勝手に存在しているので、見つけるのは簡単だ。だが問題は、
- 相関関係と「因果関係」は全くの別物だ

という点にある。たとえば、体重を減らしたいと真剣に願っている人に「じゃあ身長をちょっと削ればいいんじゃない（笑）？」とアドバイスしたら怒られそうだ。

体脂肪率とか骨密度とか筋力トレーニングとか、体重に関わる要素はいろいろだが、身長も体重もいわば「カラダの大きさ」という根本的な特徴の表れにすぎないのであって、身長が高い「から」体重が重い、という因果関係ではない。

では因果関係を発見するには、どうしたらいいのだろうか？　残念ながらそれは不可能である。極論すると、

- 「因果関係」は、私たちの頭の中にしか存在しない。

相関関係ならばデータの中に勝手に生息しているが、因果関係はそれとは根本的に異なる性質の「概念」なのである。そして何をもって「論理的」で「科学的」な因果関係（の証明）とみなすかは、時代によって分野によって、ときには人によっても違う。

「相関はデータの中に、因果は頭の中にある」

もちろんこれは極論だ。

たとえば「**操作変数法**」は、因果関係の発見に有効な、計量経済学的に確立された統計手法である。高等テクニックなので大まかな説明に留めるが、既出の変数であるＸやＹの他に、

- 一定の条件を満たす第３の変数Ｚ（操作変数）が存在する

ような、恵まれたデータ環境の場合に使える方法だ。次章では「イノベーターのジレンマの解明」に歩を進めるので、そこで操作変数法を実際に使ってお見せしよう。

また、後述する「対照実験」（手法②）をしっかりと行えば、相当に信頼性の高い因果関係の抽出が可能ではある。だから私は「何があっても絶対に因果関係を突き止めることは出来ない」と言い張っている訳ではない。

しかし大概の場合、どのようなデータ環境や対照実験であっても、探せば何かしら論理上の弱点を孕んでいるものだ。そして一般人も研究者も等しく、自分の信じたいストーリー（因果関係）を「科学的」と称しているだけのことの方が多い。したがって学問的に厳密な大原則としては、

- 「因果関係を証明する完全無欠で絶対確実な統計手法」などというものは存在しない、と、そういうふうに一旦割り切っておいた方がいい。

たとえば育児に関わったことのある人なら、世界中の（主に）母親の間で無限に続く
「母乳とミルク、どちらが子供の発育に良いか？」

という宗教戦争をご存じだろう。あるいは、

「子供を保育園に預けるのは是か非か？」

という不毛な神学論争もよく目にする。


こういう話題の場合、当事者だけではなく研究者や政府や国際機関も、かなり強いバイアスを事前に抱えた状態から議論がスタートする。個人的な好みや哲学はおろか、自分自身の人生観や存在意義やアイデンティティーがかかった「戦争」の真っ最中に、冷静に因果関係を科学できる人は稀である。インターネット上の掲示板や、自称「専門家」たちのブログやツイッターを覗いてみよう。

繰り返すが、こうした話題に関して「科学的分析が一切存在しない」と言っているわけではない。難しいのは、個別の「科学的分析」がどのような立場や目的からなされているかを調べること、そしてそれらの分析内容の良し悪しを客観的に見極めることだ。


私のUCLAにおける博士課程の指導教授であったエド・リーマー氏（専門は国際貿易の理論と実証、そして計量経済学）はこう言った。

「相関関係はデータの中にある。しかし因果関係は、我々の頭の中にしかない」

相関関係は「現実」だが、因果関係は「空想の産物」である。

注意してほしいが、リーマー氏も私も、別に因果関係の検証そのものを嫌ったり、否定しているわけではない。そうではなくて、

「データの中には必ず因果関係があるはずだ、そして統計学を使えば、それは必ず発見できるはずだ」

というナイーブな発想をしないように、と警告しているのである。

「データ」は現実世界の断片（サンプル）なわけだが、それを因果関係として解釈するためには我々の頭の中にある（我々の頭の中にしかない）論理的な空想、すなわち「理論」が必要だ。

こういう意味での「理論」のことを、リーマー氏は「ストーリー」と呼び、私はよく「世界観」という言葉を使う。「理論」の補助線なしに、現実を解釈したり因果関係を見出すことは出来ない。

やや回りくどい言い方になってしまったが、私たちが言いたいのは「データと理論のどちらとも真剣に向き合おう」ということだ。

「機械学習≈回帰分析」

これまでに統計学や計量経済学に触れたことのない人の中には、あるいは「機械学習」や「人工知能」というキーワードを聞いた途端に「科学的なデータ分析に違いない」と信じてしまう素朴な方もおられるかもしれない。

だが、これらコンピュータ・サイエンス系のデータ分析手法も、原理的には回帰分析と同じ仕組みで動いている。したがって

- 前述の「相関関係と因果関係にまつわる諸注意」は、経済学に限らず、医学や工学、統計学などのいかなる学問分野や分析技術についても、等しく適用される。

「実証分析の作法」という本章のテーマは「経済学の実証分析」に限った話ではない。すべてのデータ分析、そしてすべての現実生活の局面が対象だ。そういうものとして「作法」を身に着けておいていただきたい。

「イノベーション」をどう測るか？

さて、因果関係にまつわる深淵なる哲学はさておき、「イノベーションの実証研究」で一番よくあるデータ分析は、特許件数と企業特性のあいだの相関関係を調べるというものである。

たとえば、「出願中または取得済みの特許件数」を各社についてカウントし、それらの企業の「規模（売上高や従業員数）や新旧（創業からの年数）」との散布図を用意してみよう。「大きい会社ほど、たくさん特許をもっている」という傾向が浮かび上がってくるはずだ。つまり発明件数と企業規模の間には「正の相関」がある。

便宜上、古くて大きい会社を「既存企業」、そうでない会社を「新参企業」とみなしてよいとしよう。すると、あたかも「既存企業の方がイノベーションに成功している」ことが「統計的事実として証明された」かのように映るだろう。

だがそれはいささか短絡的すぎる解釈だ。問題点は幾つもあるが、思いつくままに5つ挙げてみよう。

第1に、特許はイノベーションの不完全な指標にすぎない。この分野の先駆者ツヴィ・グリリカス氏（1999年没、ハーバード大学教授）が口を酸っぱくして言い続けた通り、「すべてのイノベーションが特許の対象になるわけではない」し、「すべての特許が（経済学的な意味での）イノベーションを伴うわけでもない」からだ。

たとえば製造工程上の創意工夫や、科学的一般原則の多くは、特許の対象とはならない。また、たとえ特許が取得可能だったとしても、あえてそうしないことを選ぶ企業もある。なぜなら特許というのは、

「その発明を用いたビジネスを15〜20年のあいだ独占してもよい」

という公的なお墨付きを与えてくれる代わりに、

「その発明の内容を世間一般にむけて情報開示しなければならない」

という決まりになっているからだ。

一時的な独占権（これは公益に反する）とひきかえに知識の伝播（これは公益に資する）を促す仕

組みになっている。となると、特許を取るよりもむしろ「企業秘密」にしておいた方が得、というケースも出てくる。

第2に、特許件数や研究開発費といった指標は、その研究所や会社の予算規模に比例することが多い。そして研究予算は

「毎年だいたい売上金額の10％」

という具合に策定されがちである。ということは、特許件数という指標はほとんど自動的に企業規模に正比例してしまうわけだ。このような

- 機械的な関係性が裏側にある

ような場合、表に出てくるデータを統計的に分析しても、そこから学べることは少ない。それは丁度、経営者の「本音」を知らないままに、表に出てくるインタビュー発言などの「建前」を信じ込んでしまうのに似ている。

第3の問題点として、「イノベーションに成功」した企業は、その結果として売上高が増えて「大企業に成長」するかもしれない。企業規模がイノベーション能力を決めるのか、それともイノベーション能力が企業規模を決めるのか。よく考えると

- 堂々巡りで「ニワトリと卵」のような因果関係

になっている。だから、正の相関を発見しても、その因果について解釈するのは難しい。

「ニワトリが卵に与える影響」

なのか、それとも

「卵がニワトリに及ぼす影響」

なのか、識別できないからだ。

第4に、「共喰い」「抜け駆け」「能力格差」のような概念は、そもそもデータ化されていない。

- 高度に専門的かつ抽象的なコンセプト

は、政府統計にも『会社四季報』にも載っていない。また仮にそのようなデータベースが存在しても、「理論的に正しく、もともとの定義やアイディアに忠実に」測定されているとは限らない。

第5に、

- 競争関係にある企業というのは、対戦競技中のスポーツ選手のようなものであり、パッと見の写真や数字だけでは、そこで本当に何が起こっているのかは分からない。たとえば相撲の力士2人が「がっぷり四つ」に組み合って微動だにしないとして、では彼らは怠けているのかと言えば、むしろ、力一杯ベストを尽くした結果として、一見全く動きのない膠着状態が現出しているのである。

同様に、誰かが「先」になれば誰かが「後」になるという「先と後」の定義上、全企業が「先制攻撃」に成功することは有り得ない。よって、仮にある既存企業が遅れをとって見えたとして、それが、

「抜け駆けレースに果敢に挑んだにも関わらず、力及ばなかった」

のか、それとも、

「誰かが先駆けてしまったので、諦めモードに入ってしまった」

のか、表面的なデータからは読み取れない。

理論（空想）の補助線なしに、データ（現実）は解釈できない

結局何が言いたいかというと、そのまま放っておいたら

「データは何も語らない」

ということだ。むしろ私たちは積極的に

「データに耳を傾ける」必要がある。

そのための基本チェック・リストは、次のようなものである。

①データ化されている各指標は、正しく測られているのか。

②それらは、（リサーチ・クエスチョンに照らして）本当に意味のある変数なのか。

③生のデータが生成される過程、すなわちデータの背後にある現実は、どのようなものなのか。

④それらの文脈に鑑みて、データ分析上、どのような問題が起こっている可能性があるか。

⑤だとすれば、どのような分析手法が望ましいか。その分析が論理的に成立するためには、背後にどのような仮定が必要か（どのような仮定を暗黙裡に前提としていることになるのか）

他にもいろいろな問題が起こり得る。現実世界は複雑だからだ。そして現実世界と同様、すべての問題を解決することは出来ない。

……にも関わらず、それらの問題について考え抜くのが分析者の使命である。なぜならデータを分析したいと言い出したのは私たち（分析者当人）であり、すべては私たちの問題設定、リサーチ・クエスチョンに答えるための仕事だからである。

だから自分が欲しいものは、常にハッキリさせておかねばならない。いつもながら話は飛躍

するが、イメージとしては、

立派な映画館で、アメリカに亡命したロシア人バレリーナの恋愛物語を見た。恋を選ぶか、バレエと祖国を選ぶか、白鳥の湖を踊りながら主人公が悩む、バカな奴だとキクは思った。自分が最も欲しいものは何かわかっていない奴は、欲しいものを手に入れることが絶対にできない、キクはいつもそう考えている。

（村上龍『コインロッカー・ベイビーズ』、１９８０年、講談社。傍点は引用者による）

というくらい大事である。「問い」を決めないことには「答え」ようがないからだ。

ここで①〜⑤のチェック・リストをもう一度見返してみよう。勘のいい読者なら気がついたかもしれないが、５つのチェック項目は、どれも「目に見えないもの」についての疑問点である。

あなたが本当に知りたいのは何なのか、それはあなたにしか分からない。データの生成過程がどうなっているのか、それは表面に出てくるデータ内容ではなく、データの母体となる現実世界そのものについての洞察である。

したがってデータ分析の真髄とは、

・データ内の「観測された」変数やその値に現れるようなものではなく、むしろ

・データには「観測されていない」「目には見えない」何かについて、どれだけしっかり考え抜いたかにある。これは経済学的なデータ分析、つまり計量経済学における最重要ポイントだ。ぜひ覚えておいて欲しい。

手法② 対照実験

実証作法の2番目は、対照実験。イメージとしては理科の授業でおなじみの「実験」のことである。

実験のやり方として経済学がひとつの手本にしているのが、疫学のやり方だ。新しい薬の効果を調べるために多人数の被験者を集め、

・その半数に本物の薬を投与し（グループAとしよう）、

- 残りの半数には効果のない偽の薬を投与する（グループBとしよう）

という、あの手口である。

事が人の生死にかかわるだけに、各国政府の新薬認可基準やその際に求められる実験の質と量は、それなりに厳格である。

ちなみにグループBにわざわざ偽薬を与えるのは、単になんらかの「薬を飲んだ」という事実だけでも病状が改善してしまう場合があるからだ。人間、不思議なものである。そういう「気のせい」的なメンタルな影響のことを「プラシーボ効果」という。もしグループAの人の病状が改善しても、それが薬の真の効能なのかそれとも単なる気のせいなのかが曖昧だと、あまり科学的な感じがしない。

そこでグループAとBの両方に、何らかの「薬」を与えておく。こうすることで両グループとも等しく「気のせい」状態になってくれるので、2グループを比較することでプラシーボ効果を「相殺」できる。面倒臭いが、新薬の「真の効果」とプラシーボ効果を識別しようという魂胆である。

図表5-4の足し算と引き算を、10秒くらいグッと睨んでみよう。もしピンとこなかったら、今度かかりつけの医者に訊いてみるといい。

- グループAの病状の変化　＝　プラシーボ効果　＋　新薬の真の効果
- グループBの病状の変化　＝　プラシーボ効果

だから、

- 新薬の真の効果　＝　（グループAの病状の変化）　－　（グループBの病状の変化）

ということになる。個々人を対象にした疫学実験を範としているだけあって、この方法は「個別の消費者や労働者に対して○○を投与するとどんな効果があるか」を調べるのには、うってつけだ。

たとえばマーケティングの分野では、

「いつ、どの消費者に、どんなクーポン券を与えると、たくさん買い物してくれるか」

とか、1章で紹介した
「ドリンクの自動販売機では、どんなオススメが効果的か」

といったリサーチ・クエスチョンが人気テーマである。


また労働経済学や開発経済学という分野では、

図表5-4 「新薬の効果」を対照実験で測る

（グループAの病状の変化）＝ プラシーボ効果 ＋ 新薬の真の効果

（グループBの病状の変化）＝ プラシーボ効果

ということは……

新薬の真の効果 ＝（グループAの病状の変化）－（グループBの病状の変化）

「失業者にどういうトレーニングを施せば、新たな職に就ける可能性が高まるか」

とか、

「途上国の貧困世帯に対してどういう政策をとったら、子供を学校に行かせたり貯金したりして貧困から脱却してくれるのか」

といったテーマが昔から重要視されている。

いずれにせよ、研究対象が

- 「小規模」であり、
- 「多数」存在し、
- 「独立」である（個人間の相互関係を気にしなくて良い）

場合には、極めて好都合なアプローチだろう。

ただし本書の研究のように、「現実の企業」や「産業全体」を扱う場合には、実験そのものが構想しづらい。

またそもそも「過去の歴史的な出来事」をやり直すこ

とは出来ない、という悩みがある。そのため、

- 「大規模」な現象について
- 「長期間」の時系列データや
- 「相互関係」が強い主体（大企業とか産業とか国々とか）

を扱う産業組織論やマクロ経済学という分野においては、あまり使い勝手がよくない。研究対象や「問い」と「手法」との相性がイマイチなのだ。

また個人を対象とする疫学研究であっても、「ビタミンC錠剤の継続的服用が長期的な心身の発育と健康に及ぼす効果」のようなテーマになると、これを厳密に測定するのはほぼ不可能だ。多くの被験者に長年にわたってビタミンC錠剤（または同じ形の匂いと味のする偽薬）を指示通りに服用してもらうのは大変だ。それに「長期的な心身の発育と健康」に影響しそうな他のすべての要因を除去したり同じ条件に揃えたり、といった処置は、普通の社会では不可能である。（ただし普通ではない社会、たとえば大量の政治犯が刑務所や強制収容所に入れられており、死ぬまでずっと画一的で規則正しい生活を送らされているようなケースでは、そういう実験が可能である。）

実際、特殊な食生活環境で発症する壊血病のような「欠乏症」の予防の他には、ビタミンC

の健康への効果（因果関係）は今日に至るまで証明されていない。

手法③　シミュレーション

1章で挙げた「スカイダイビングにおけるパラシュート装着の効果」の例では、リアルな実験が不可能、もしくは人命や予算などの面でコストがかかりすぎる、という話になった。パラシュートの場合、その挙動には空気という流体の力学が密接に関わるわけだが、そういうダイナミクス（動学）についての理論的予測を単純な数式に煮詰めることも、また困難である。そこでコンピュータを使った数値計算による、シミュレーション（模擬実験）の出番となったわけだ。

パラシュートの話を忘れてしまった人もいるだろうから、似たような例を使って、改めてイメージをつかんでおこう。

- 仮想敵国（火星人とか）の攻撃を受けて爆発寸前の宇宙ステーションから、宇宙飛行士を地球に無事帰還させたいとする。

飛躍したストーリーで恐縮だが、とにかくこの問題意識を共有してもらわないことには話が始まらない。急いで心の準備をしていただきたい。

私たちは「宇宙ステーションから脱出し地球に生還する方法」を開発したいのである。これは今世紀の人類にとって重要な目標であると言えよう。

どうしたらいいのだろうか？

- まず、大気圏への突入に耐えられるだけの、頑丈なカプセルが必要だ。
- それから、海に着水するときの衝撃をやわらげるためには、落下速度を緩和するためにパラシュートも必要だ。

いろいろな強度のカプセルや、いろいろな形と材質のパラシュートを用意し、「実験」してみたらどうだろう。宇宙ステーションから多種多様な「パラシュート付きカプセル」を地球に飛ばしてみるのだ。もちろん、背格好も年齢も体質も似通った宇宙飛行士たちを大量に揃えて、グループAとグループBにランダムに分けておく必要もあるだろう。

……考え方そのものは悪くない。

しかし宇宙ステーションへのカプセルの輸送や、宇宙飛行士の訓練には、莫大なコストがかかる。本物の脱出用カプセルや、本物の宇宙飛行士を使って、何度も実験するわけにはいかない。もちろん倫理的な問題もある。それらは全て経済学的な「コスト」の一環である。

ならば実験規模を縮小したら良いのではなかろうか？　予算も人命も、無駄遣いしなくて済みそうだ。

だが実験室内でミニチュアを使って実験するのでは、現実の大気圏突入と着水をどれくらい真に迫って表現できるのか、その再現度に疑問が残る。

純然たる「実験」は難しそうだ。

そこで、シミュレーションの出番である。

「宇宙ステーション脱出用カプセルの着水衝撃シミュレーション」は次のように行われる。

- まず、カプセルの落下運動と、海水という流体について、物理学的な運動法則を数式で表現しておく。
- そのうえで、カプセルが海面に着水した瞬間の2者の相互作用を、「カプセルの表面」とそこにかかる「海水の圧力による負荷」として整理し、コンピュータで計算する。
- 「落下速度と着水衝撃の関係」が計算によって判明するので、それを参考にすれば、「宇宙飛行士が死なずに済むような落下速度」も求めることが出来る。
- あとは、「落下速度を十分に下げてくれる」効果があるパラシュートを用意すればいい。

なお「仮想敵国（火星人とか）の攻撃を受けて爆発寸前」という部分については完全に私のでっち上げだが、「宇宙ステーションからの脱出カプセルの着水シミュレーション」という主要部分は、現実に存在するマジメな工学研究である。（杉本隆「緩降下するカプセルの着水衝撃シミュレーション」、MSS技報、Vol．24を参照。）

「宇宙ステーション脱出用カプセル」の他にも、シミュレーションは物理学・化学・生物学のあちこちで使われている。地球温暖化のような気象現象の研究にも欠かせない。貴重な予算や人命を犠牲にする事なく、もっともらしい科学的予測を行い得るからだ。

シミュレーションに難点があるとすれば、それは

- 複雑な事象について「模擬」すべき「重要な」側面と「無視すべき」側面を決めた上で、
- 各要素について、賢明な理論的・実証的分析を下準備する

という必要があるので、「分析結果が研究者の力量に大きく左右される」点かもしれない。また、いかに今日のコンピュータが強力だといっても、計算量や速度には限界がある。あまりにも大きくて複雑なモデル（数式の集まり）を作ると、計算にかかる時間とコストが膨らんでしまう。

とはいえそれらはシミュレーション固有の問題というわけではない。回帰分析であれ、対照実験であれ、分析結果が「研究者の腕前」と無関係かというと、そんなことはない。万能薬はない、というだけのことである。

結局のところ「優れた方法」と「劣った方法」があるというよりは、「優れた研究」と「そうでもない研究」があるだけだ。「面白く」かつ「重要な」リサーチ・クエスチョンを見つけ、そのテーマに適した方法を使いこなすことができたなら、それは優れた研究だ。

するとは何をもって「面白く」「重要な」テーマを定義すればいいのか、という話になるわけだが……それは自分自身の頭と好みで決めてもらうしかあるまい。

欲しいものが分からないと、それを手に入れることは出来ない。

第6章 「ジレンマ」の解明――ステップ①……需要

Chapter 6

Estimating the Innovator's Dilemma
Step1: Demand

これまでのあらすじ

前半5章が終わって、丁度ここが全11章の折り返し地点に当たる。これまでに触れた内容を振り返っておこう。

- 1章では本書の全体像を描いた。

技術の世代交代とともにトップ企業の顔ぶれも移り変わってゆく「創造的破壊」のプロセス。

新技術が興隆し、新参企業が次々に飛び込んでくる状況において、既存企業は「進むも地獄、退くも地獄」の難しい決断を迫られる。

そうした「イノベーターのジレンマ」をしっかり解明するためには、下準備として3つの理論と3つの実証作法を知っておく必要がある。

- 2・3・4章では、既存企業と新参企業それぞれにとって、イノベーションへの意欲と能力がどのような仕組みで成り立っているかを検討した。具体的には、

①共喰い
②抜け駆け
③能力格差

という3つの理論的な着眼点を紹介した。

- 5章では、実証分析の心構えや作法を軽くおさらいした。

①回帰分析、

②実験、
③シミュレーション

という3つの実証手法がそれである。データの中にある「相関関係」と、私たちの頭の中にしかない「因果関係」を混同しないこと。そして因果関係の中身を詳しく解明するためには、「目に見えないものを測る」とか「理論の補助線を引く」こと。そういう考え方を紹介した。

これで準備万端だ。

- 6・7・8・9章の焦点である、「なぜ既存企業のイノベーションは遅れがちなのか?」についての本格的な実証分析や、
- 10・11章における「では、どうしたらいいのか?」という話

に進むための前提知識を、皆さんは既にマスターしてしまったのである。

さあここからが、いよいよ本番だ。

クリステンセンのナイス・アシスト！

朝食用シリアルから宇宙ステーション脱出カプセルまで、1章から5章までは古今東西の事例を盛んに取り上げてきたが、それらをすべて「本格的に実証分析」していたらキリがない。本の紙幅は有限であり、私や皆さんの時間も有限である。

そこで「代表例」として、かつてクリステンセン氏が「イノベーターのジレンマ」の経営史を語る際にメイン・ディッシュとした、ハードディスク駆動装置（ＨＤＤ）業界に的を絞ろう。

彼の手法は主に、

- 業界関係者へのインタビューと、
- 業界レポートの読解

であったが、本書ではさらに次のような工夫を重ねる。

- 同じ業界レポート集を全23年分（１９７７年号〜１９９９年号）入手し、隈なく読解した上で数値データ化する。
- それらを首尾一貫したやり方で解釈するために、経済学の理論と実証手法を駆使して「共喰い」「抜け駆け」「能力格差」の3要素を実際に計測する。

HDDなどという過去の遺物になりつつある業界について、また20年も前に既に研究された歴史的ケースについて、今更「焼き直し」のような研究をする意義はあるのだろうか？

答えはイエスだ。実験用のモルモットやエンドウ豆やショウジョウバエに情熱を駆り立てられる人は少ないかもしれないが、実験の成果として開発された医薬品のお世話になる人は多いし、エンドウ豆の観察から明らかになった「遺伝のメカニズム」については、関心のある人も多いはずだ。HDD業界は私たちにとっての「ショウジョウバエ」なのである。

HDD業界には、好都合な点が3つある。

- 比較的短期間（といっても10年とか20年）のうちに技術と企業の世代交代が起こった。
- それらの「世代交代」の程度が丁度良い。（もしイノベーションの程度が小さ過ぎると、面白い現象が何も観測できない。大きすぎると、別の業界をも巻き込んでしまうので全体像が把握できない。）
- 「そこそこ古い」事例なので歴史的評価が定まりつつあるが、「大昔の出来事」ではないので関係者（元経営者や業界レポートの作成者）への取材が今でも可能である。

では、クリステンセン氏が既に語った以上のことを、何か発見できる保証はあるのだろうか？

その答えもイエスだ。

彼の手法は、取材と、言葉による記述だけなので、良い意味でも悪い意味でも「フワッと」している。「どうして既存企業のイノベーションは遅かったのか?」というメインの「問い」に対しても、

「大口顧客が興味を示さなかった」

「組織内部の政治抗争があった」

「経営者の得た情報に偏りがあった」

など、キチンと数えていくと10以上の仮説なり論点が、著書のあちこちに無造作に散りばめられている。

だが、それだけだ。

現実のいろいろな側面を言い当ててはいるのだろうが、「答え」が何だったのか結局ウヤムヤのままだ。生煮えである。

……こう言うと批判にしか聞こえないかもしれない。だが逆に言うと、クリステンセン氏は、私たちのために「面白い現象」と「問い」を見つけてくれた、とも言える。そして彼は本格的な実証分析の3歩手前くらいの段階で論文と著書を発表し、後世の私たちのために「有望な研究テーマ」を準備してくれたのである。別に皮肉を言っているわけではない。こういう経営史研究は、経済学者にとって非常にありがたい。

幸いなことに、ちょうど私は最後の3歩にあたる「理論に根差した実証分析」の専門家なので、このテーマを経済学的に煮詰めることが出来る。

経済学的に煮詰めれば、「ジレンマ」のメカニズムも含めて、色々なことが自ずと明らかになるはずだ。

そして、ひとたび事態が明確になれば、「では、どうすべきか？」という次なる問いに対して、大局的な見地から答えることが出来る。

それは経営学と経済学の幸福な分業である。泥臭い素材と洗練された調理法を結び付けることで、新しい知識やものの見方が生まれる。私はそういう研究が好きだ。

分析の段取り（6章〜9章で迷ったり疲れたら、10章まで進むこと）

前置きはそのくらいにして早速本題に入ろう。実証分析の大筋は1章で紹介したが、おさらいしておくと次のような手順で進める。

- ステップ①：共喰い（理論①）の度合いを測る ＝ 需要サイド（需要関数）の推計。
- ステップ②：抜け駆け（理論②）の原因を測る ＝ 供給サイド（利潤関数）の推計。
- ステップ③：能力格差（理論③）を測る ＝ 投資コスト（埋没費用）の推計。

「○○関数」とか「推計」とか、ヘビーな用語が押し寄せてきて一気に凄い満腹感だが、順を追って説明するので、今ここで丸暗記しなくても大丈夫だ。

イメージとしては、ピラミッドとかタワー型マンションのような高層建築を思い描いてほしい（図表6-1）。

測量したり、地面を掘ったり、基礎を作ったり、足場を組んだり、骨組みを立てたり、建材を繋ぎ合わせたりしながら、上へ上へと構造物が立ち上がっていく感じだ。奇しくも、こういう手口を「**構造解析**」（structural analysis）と言う。理論と実証の融合アプローチである。

具体的には、

- 6章（本章）ではステップ①（共喰い〜需要）。
- 7章ではステップ②（抜け駆け〜供給）。
- 8章ではステップ③（能力格差〜投資）の下準備として「投資」について考える。
- 9章ではステップ③の本番と、以上すべての結果に基づいたシミュレーション分析（ステップ④）を行い「イノベーターのジレンマの解明」という当面の課題にケリをつける。

これらのステップを踏んでいけば、理論に根差したモデル（数式）をデータから炙り出すこ

図表6-1　3つの研究ステップ

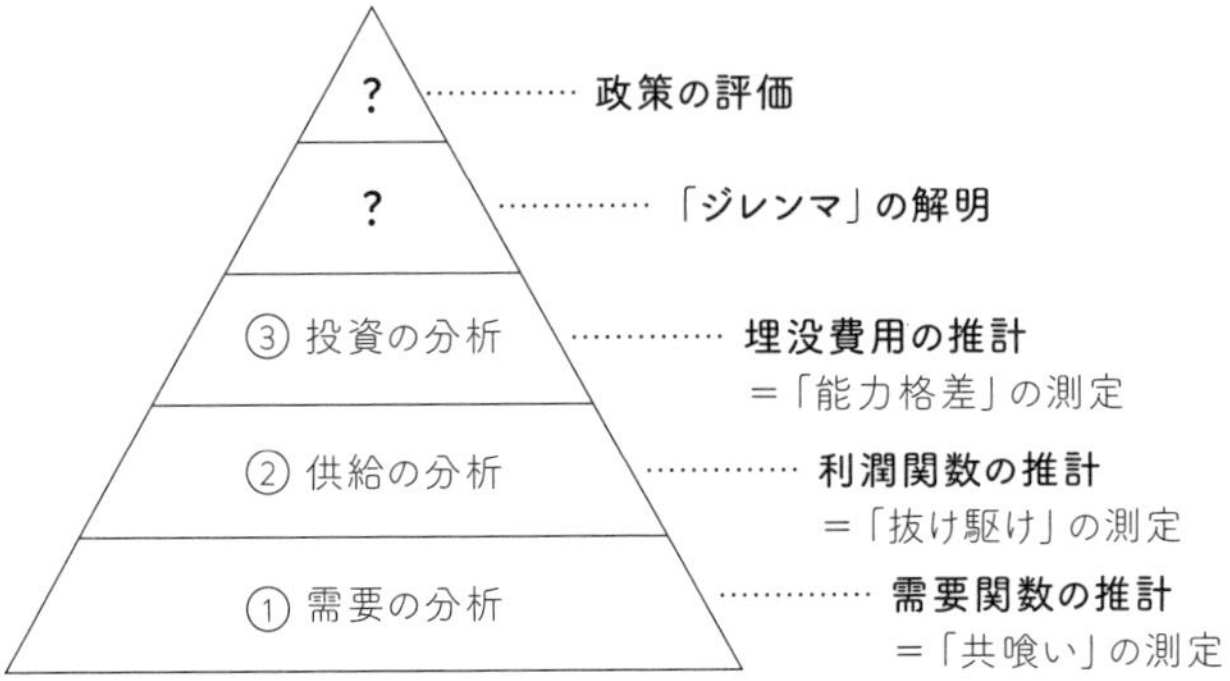

とが出来るし、そうやって完成した「実証モデル」を箱庭のようにして、反実仮想シナリオをシミュレーション出来るようになる（図にあるピラミッドの4層目と5層目では、そうした反実仮想シミュレーションが行われるが、それは少し先の話なので現段階では「?」にしてある）。

1〜5章に比べると本格的な内容になってくる。もはや「こんな概念もありまっせ〜」という入門レベルの経済学用語の紹介ではなく、ここからは世界最先端の研究に踏み込んでいくからだ。しかも一歩一歩はいかにも地味である。大きな石を1個1個かつぎ上げ丁寧に積み重ねていかないと、「ちゃんとした」ピラミッドは建てられない。

だから本書の前半を難なく読み進められた読者でも、6〜9章は険しい山登りのように感じられて、途中でかったるくなるかもしれない。無理のない話である。

そういうときは誰に憚《はばか》ることなく一気に10章まで進んでほしい。そこにはピラミッド建造後の風景が描かれている。

ピラミッドの中身がどうなっているのか、そこにはどんな財宝や罠が待ち構えているのか、そういうことはまた後日、気が向いたときにパラパラと読み返してくれればよい。そういう意味で6～9章は「必修科目」ではなく「選択科目」である。

しかし逆に、もしあなたがピラミッドの設計図や建造プロセス、その設計思想や建設中のアクシデントにも興味があれば、目次を見て気になる部分だけでも拾い読みしてほしい。本書の「はじめに」で宣言した「経済学の本気」は、研究の「結論」ではなくむしろ「過程」の、一歩一歩に体現されているからだ。

結論だけなら誰でも言える。

根拠が無くても言える。

ちなみに「本格的な構造解析の教科書」は、この世に存在しない。そういう分析の実例を丹念に解説した一般書も皆無であり、日本語はおろか英語でも（そして恐らくスペイン語でもフランス語でも中国語でも）書かれたことがない。

だから、6～9章の内容が読めるのは日本語圏の読者だけ、世界で唯一この本だけである。

ステップ①：「共喰い」の度合いを測ろう！

意気込みや宣伝文句はさて置き、手始めに1番目の理論、「共喰い」の度合いを測ろう。……とは言っても、実際どうしたらいいのだろうか？

共喰いとは2つ以上の製品が競合して買い手（需要）を奪い合うことである。となると製品同士の「競合度合い」をデータから測る必要がありそうだ。

2章で学んだ通り、競合度合いが高くなるのは製品間の「代替性」が大きいとき、つまり2つ以上の製品が「同質財」に近い場合である。

逆に新製品と旧製品があまり似ておらず差別化している場合、そうした「差別化財」の間の代替性は小さい。同じ買い手を巡って競合する頻度も低い。新製品を投入しても、旧製品の売上や利益はあまり減らない（共喰いしない）だろう。

したがって、

- 「共喰いの度合い」を測る　＝「**需要の代替性**」（製品間の差別化の程度）を測る

ことになる。そのための指標として分かり易いのは、

- 「新製品が値下げしたときに、どのくらい旧製品の売上数量が減るか」、または
- 「旧製品が値下げしたときに、どのくらい新製品の売上数量が減るか」

を数値化したものである。具体的には、

「競合製品が１％値下げしたときに、自製品の売上数量が何％減るか」

を計測して、それを「**需要の弾力性**」と呼ぶ。たとえば

「新製品が１％値下げした結果として、旧製品の売上数量が２％減る」

ようなら、

「新旧製品間の需要の弾力性は２（＝２％÷１％）」

となる。

大ざっぱな目安としては、弾力性が1とか2を超えるようだと

「弾力的である」（＝かなり競合している）

とされ、１未満だと

「非弾力的」

とされる。そして

「弾力性ゼロ」

だと、もはや2つの製品は無関係なので、そもそも「同じ市場に並んでいる競合製品」ではないかもしれない。

たとえば本書の値段が20%下がっても、スーパーマーケット成城石井で売られているイタリア産トマト缶の売上への影響は皆無であろう。もともと競合していないからだ。しかし、もしも本書の電子書籍版の値段が20%下がったなら、本書の印刷版の売上は減るのではないか。中身がほぼ同質だからだ。

もちろん世の中には、

「競合製品が値下げしたら、なぜかウチの売上が増えた！」

という不思議な事態もある。たとえば、

- 本書の電子版の値段が下がった結果、電子版の売上が伸びる。
- 新たな読者が増える。
- ところが本書のように「読みながら前後の章を行ったり来たりする必要がある本」を電子端末で読むのは、案外不便である。
- 結果として、電子版を読みかけた新読者が、印刷版も購入してくれる。

……みたいな展開が起こると、「電子版を値下げした結果、印刷版の売れ行きも上昇」してもおかしくはない。だがそういう状況の分析は面倒臭い。真面目に分析するとしたら、おそらく追加的な理論とデータが必要になるだろう。本書のテーマとは直接関係ないので、そういう特殊ケースは棚上げにしよう。

本題に戻ると、「弾力性を測る」とは、だから

「価格と売上数量の因果関係を測る」

ことなのである。

需要の弾力性（という因果関係）をデータから測るには？

……というわけで、「共喰いの度合いを測る」ことは、「需要の弾力性」つまり

- 製品の価格（P：Priceの略）と、売上数量（Q：Quantityの略）の関係」

を調べること、に等しい。

ここまで課題を噛み砕くと、5章で学んだ実証手法を使えば、何とかなりそうだ。初歩的なデータ分析として、HDD製品の価格（P）と売上数量（Q）を「散布図」にしてみれば、これら2つの変数の関係が浮かび上がってきそうだ。

そしてQをPに「回帰分析」すれば、2者の「関係」が統計的にハッキリするのではないか？

正しい。だが間違っている。

PとQの散布図や回帰分析を使えば、これら2者の関係は確かに突き止められる。だから発想の方向性としては、正しい。

しかしその関係は「相関関係」であって「因果関係」ではない。だから単なる回帰分析だけでは、本当の因果関係は不明のままに終わってしまう。そういう意味では間違っている。

「相関関係さえ計測できれば、それが因果関係か否かなど、どうでもいいのでは？」

残念ながら、それも誤った考えだ。私たちが知りたい「需要の弾力性」とは、

「Pが下がった時に（その結果として）Qがどう変化するか」

を指すコンセプトである。

あくまで、PとQの間の因果関係を知る必要があるのだ。

普通の回帰分析（ここでは、多くの統計手法・機械学習手法を含む「狭義のデータ分析」全般を指してこう呼んでおく）だけでは、どこまで行っても相関関係しか分からない。

こんなときのために、計量経済学にはいくつかの高等テクニックが用意されている。

その1つが「**操作変数法**」だ。本書は計量経済学の教科書ではないので、詳細は巻末の読書案内に上げた本などで学んでいただきたいが、アイディアとしては、

- 「PでもQでもない、第3の変数Z」が存在し、
- そのZが特定の条件を満たしている

場合に限り、その第3の変数Zを利用して「PとQの因果関係」に迫ることが可能となる。その「条件」とは、

- Zが「PとQの両方ではなく、どちらか片方とだけ」強い関係を持っている

ことだ。こういうZのことを「**操作変数**」と呼ぶ。これを活用した統計分析、たとえば「**2段階最小二乗法**」を使えば、PとQの因果関係がパズルのように解き明かされる。操作変数は、因果関係のデータ分析にとって、大変貴重な存在である。

そんな都合の良い「第3の変数」が、いつも転がっているとは限らない。また仮に入手できたとしても、とある変数が本当に「特定の条件」を満たしているかどうか。それはデータの有無という現実的なハードルだけではなく、「私たちの頭の中にある（そして頭の中にしかない）因果関係のストーリー」という「想像力の」問題でもある。

操作変数がデータの中に含まれるかどうか、それが本当に操作変数たる資格を満たしているか否かは、データ分析にとって、かなり高いハードルだ。

幸運なことに、私の入手したＨＤＤ市場のデータには、新旧製品それぞれのＰとＱだけでなく、「好都合な第3の変数」Ｚも含まれていた。それについて今から話そう。ついでにＨＤＤ市場のデータと歴史にも、少し詳しくなっておこう。

生のデータを見てみよう：新旧ＨＤＤ製品の価格（Ｐ）と売上台数（Ｑ）

データの出所となる業界資料（レポート集）は１９７７年号から１９９９年号まであるが、そのうち今回の分析に直接関連するのは１９８１年〜１９９８年の部分だ。

その期間に起こった「**5・25インチ**ＨＤＤから**3・5インチ**ＨＤＤへの世代交代」が主役になるので、前者を「**旧製品**」、後者を「**新製品**」と呼ぶことにしよう。

まずはＰとＱに当たるデータだが、図表6-2は毎年のＨＤＤ価格（世界平均）とＨＤＤ売上台数（世界合計）である。上のグラフが示すようにＨＤＤ価格（Ｐ）は毎年下落している一方、下のグラフが示すようにＨＤＤ売上台数（Ｑ）は爆発的に増大している。

パソコンが初めて一般向けに発売されたのは１９８１年である。ＨＤＤ（5・25インチと3・5インチ）はパソコンの主要部品の一つなので、歴史はここから始まった。当初はシリコンバレーのマニア向けのおもちゃに過ぎなかったパソコンだが、90年代にさしかかる頃には多くの企業や政府機関に普及しており、インターネットの登場や、マイクロソフト社のウィンドウズ95（パソコンを直感的に操作するためのソフト）の発売を契機に、一般家庭にも広まった。

価格の下落は製造技術の進歩を反映したものだ。「半導体チップの性能が18～24カ月ごとに倍々になる」というのは有名な「ムーアの法則」（という名の経験則）だが、同じような経験則としてHDD業界には「クライダーの法則」がある。いわく「HDDの情報記録容量は12カ月ごとに倍々になる」というものだ（図表6-3）。

HDDの仕組みはこうだ。磁性を帯びた大量の粒子をアルミやガラス製の円盤（ディスク）に吹き付けて、「その1粒1粒がN極を向いてるかS極を向いてるか」によってデジタル情報（0か1の二進数で表現したもの）を記録しておく。

この「大量の磁気粒子」を、より高密度で吹き付ければ、同じ円盤の上により多くの情報を保持できるわけだ。「高密度で吹き付け」るための技術改良は業界を挙げて行われており、その成果として「クライダーの法則」が実現してきた。

おかげでHDDの主な材料である「磁気ディスク」の性能は年々向上し、その部品コストはどんどん下がっていったのである。

「都合のいい変数」HDD部品コスト（Z）を使って「操作変数法」に挑戦

さて、私たちが知りたいのは「PとQの因果関係」だが、そのためには「PとQのどちらか

図表6-2　新旧HDD製品の平均価格(P)と売上台数(Q)

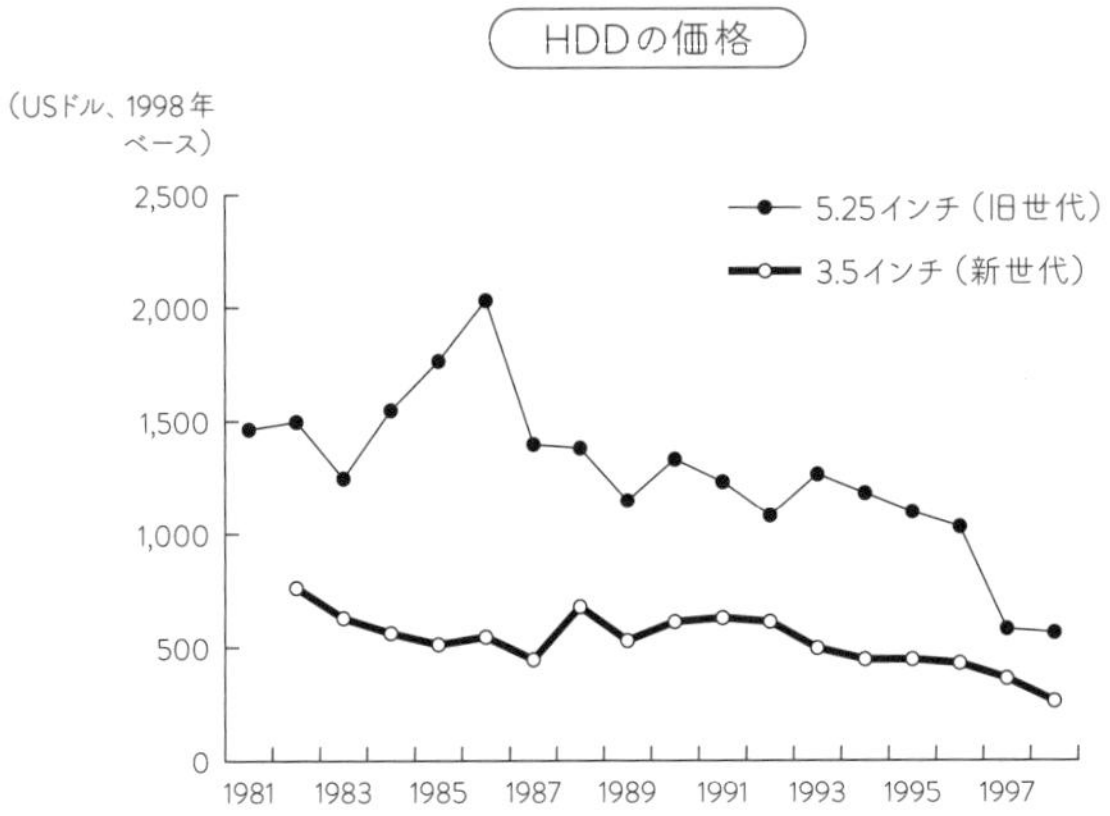

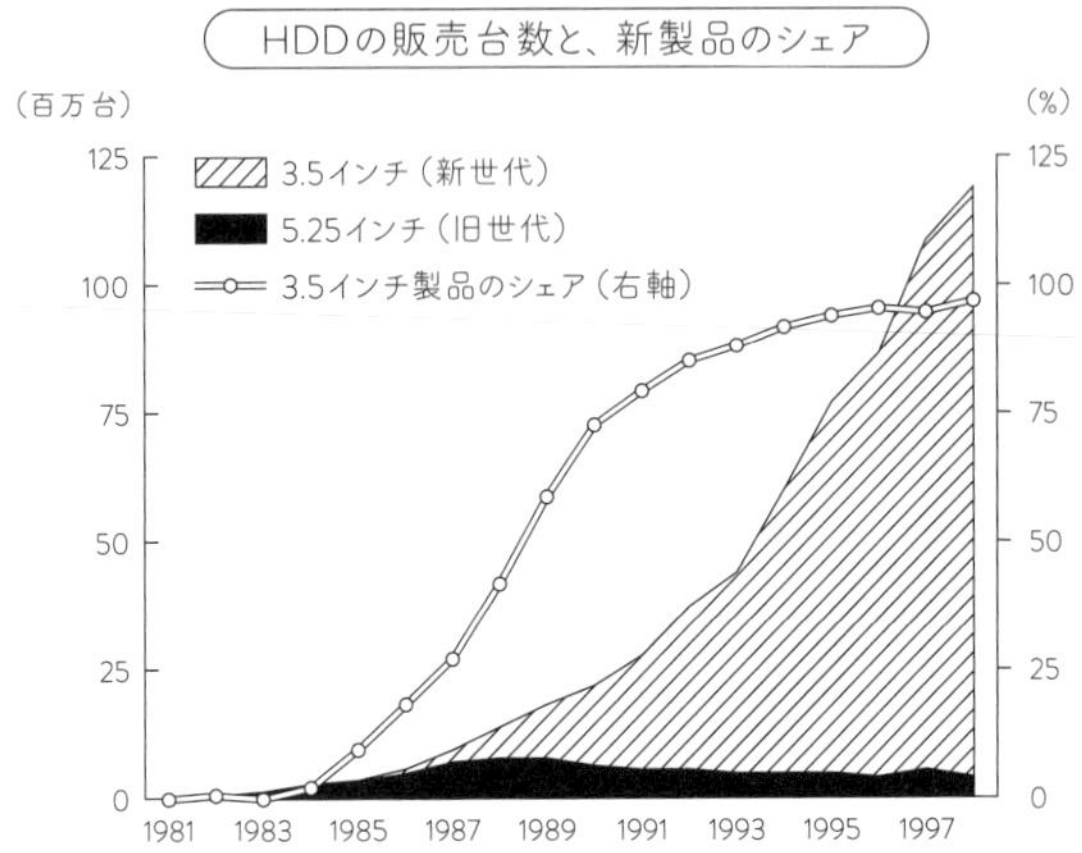

図表6-3　新旧HDD製品の性能（1台当たりの記録容量）

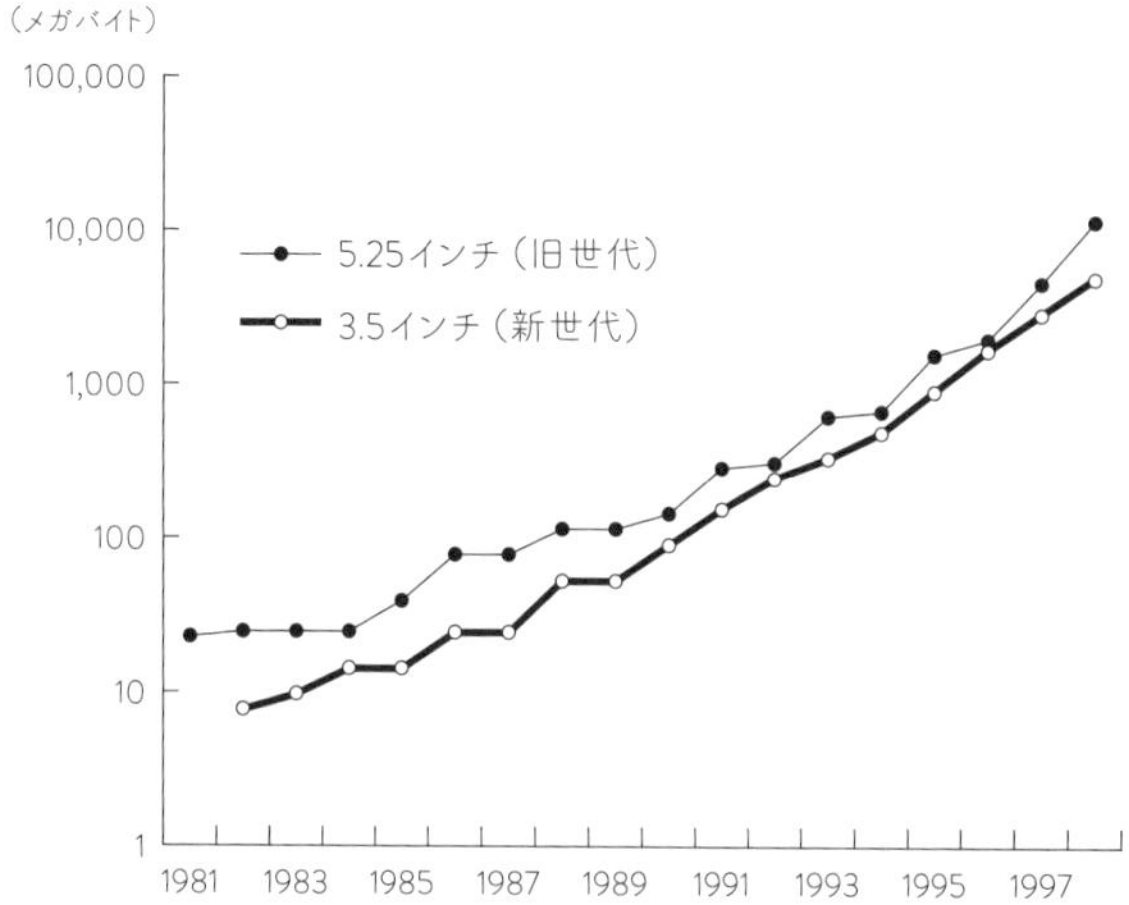

、片方とだけ強い関係を持っている」操作変数Zが必要だ。そんな好都合なデータがあるものだろうか？

……あった。

「クライダーの法則」云々で説明した通り、HDD価格（P）は、HDD部品コスト（Z）につられて下落していった。そして「年々ほぼ勝手に下がるHDD部品のコスト」（Z）は、HDD売上台数（Q）とは直接関係がない。

まあ厳密に言えば、ZとQについても「実は2人は陰で付き合っているのではないか？」（部品コストの下落は、売上台数の増加によって可能になった面もあるのでは？）などと関係を疑い出したらキリが無いのだが、その辺りの「大人の事情」は割愛する。

というわけで、HDD部品コスト（Z）

には操作変数たる資格がある。これを使って2段階最小二乗法などの「**注意深い回帰分析**」を行えば、PとQの因果関係、すなわち需要の弾力性を測定することが出来る。

「値段が高いと、あんまり売れない」

という経済学の基本「**需要の法則**」を、現実のデータから抽出することが可能になるのだ。

以上のような（用心深い）回帰分析から分かったことは、

- 新製品（3・5インチ）と旧製品（5・25インチ）の間には、相当の代替性がある。

- 具体的には、新製品が1％値下がりすると、旧製品を買う人が2.3％減る。

つまり

「新旧製品間の需要の弾力性は2.3」

と判明した。

……以上が、実証分析のステップ①に当たる、「共喰い」度合いの計測、すなわち需要の推計である（図表6-4）。

「新旧製品間の代替性が高い」のだから、共喰いによる「置換効果」が発生していてもおかしくない。となると、今後ステップ②と③が完了して、モデル全体の肉付けが終わった暁には、

「もしも置換効果が存在しなかったら、既存企業のイノベーションはどうなっていたのか？」

図表6-4　需要関数の推計により、ステップ①が完了した

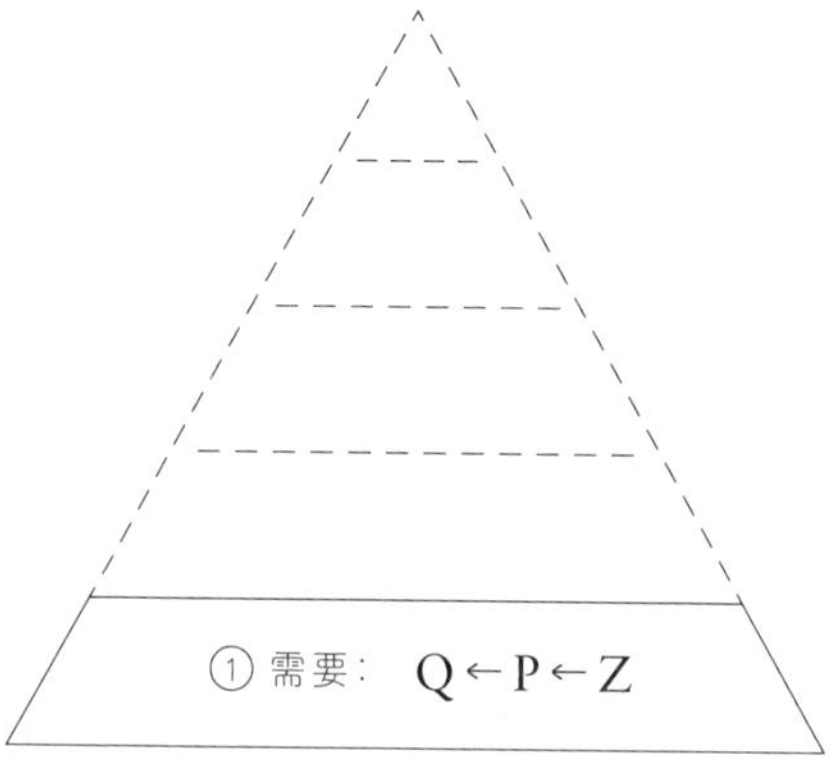

そういう反実仮想シナリオをシミュレーションする価値がありそうだ。

テクニカルな補足説明（無視して7章に進んでも構わない）

「需要の推計」について、少し上級者（経済学専攻の大学生か、それ以上の知識がある方）向けの補足説明をしておく。

第1に、本章で「需要の弾力性」と呼んでいるのは、主に2財間の価格の「交差弾力性」である。所々で単に「PとQの関係」と言い換えたりしているので、価格の「自己弾力性」とまぎらわしいかもしれないが、「共喰い」との関連で出てくるのは「交差弾力性」だ。

第2に、新旧世代のHDDは「品質」（記録容量や信頼性）と「大きさ」（ディスクの直径が5・25インチと3・5インチ）という2つの面で「差別化財」になっているので、厳密に分析するためには「差別化財の需要」の数理モデルが必要となる。

私が実際に使用しているのは、「ロジット型の離散選択モデル」と呼ばれる分析道具である。1970年代にカリフォルニア大学バークレー校のダニエル・マクファデン氏が基礎を固め、その功績で2000年のノーベル経済学賞を受賞した。

「差別化財」の需要の分析手法は1990年代以降、実証・産業組織論の代表的ツールとなる。2章に出てきた「水平差別化」も、「垂直差別化」も、全部一緒に織り込んだ数式を用意した上で、現実のデータと突き合わせることが可能になったのである。

欧米の独占禁止法当局がＭ＆Ａの審査をする際にも、近年はこうしたハードコアな実証分析が使われるようになってきた。

それらの手法を開発しているのは、ハーバード大学のアリエル・ペイカス氏や、イェール大学のスティーブン・ベリー氏とフィリップ・ヘイル氏、及びその弟子たちだ。現在も彼らが中心となって、

- より現実的なデータ状況を捉えるための、理論面・手法面での拡張や、
- 狭義の「産業」だけではなく、教育・医療・労働といった経済学各分野への応用、
- 一般論として、どのようなデータ状況であればモデルを「識別」出来るのか、

などの多方面で、研究が日進月歩の勢いで進められている。

この分野のノーベル賞受賞は確実視されている位だが、経済学専攻の大学生や大学院生であっても、「産業組織論」やその最先端の実証手法に触れたことのある人は一握りだろう。応用範囲は極めて広いので、機会がある方は今のうちに親しんでおく価値がある。

第7章 「ジレンマ」の解明——ステップ②……供給

Chapter 7

Estimating the Innovator's Dilemma
Step2: Supply

現実のＨＤＤ市場を舞台にした「イノベーターのジレンマ」の解明作業がスタートした。

- 前章では、既存企業の後ろ髪を引っ張る「共喰い」という概念を測るために、新旧製品間の代替性、すなわち「需要の弾力性」をデータから「注意深く回帰分析」した。これがステップ①である。需要の推計は、多くの実証分析において基礎部分に当たる。
- 本章ではステップ②に進む。「共喰い」とは反対方向に作用する「抜け駆け」の実証分析である。

図表7-1　ステップ②では供給サイドを分析する

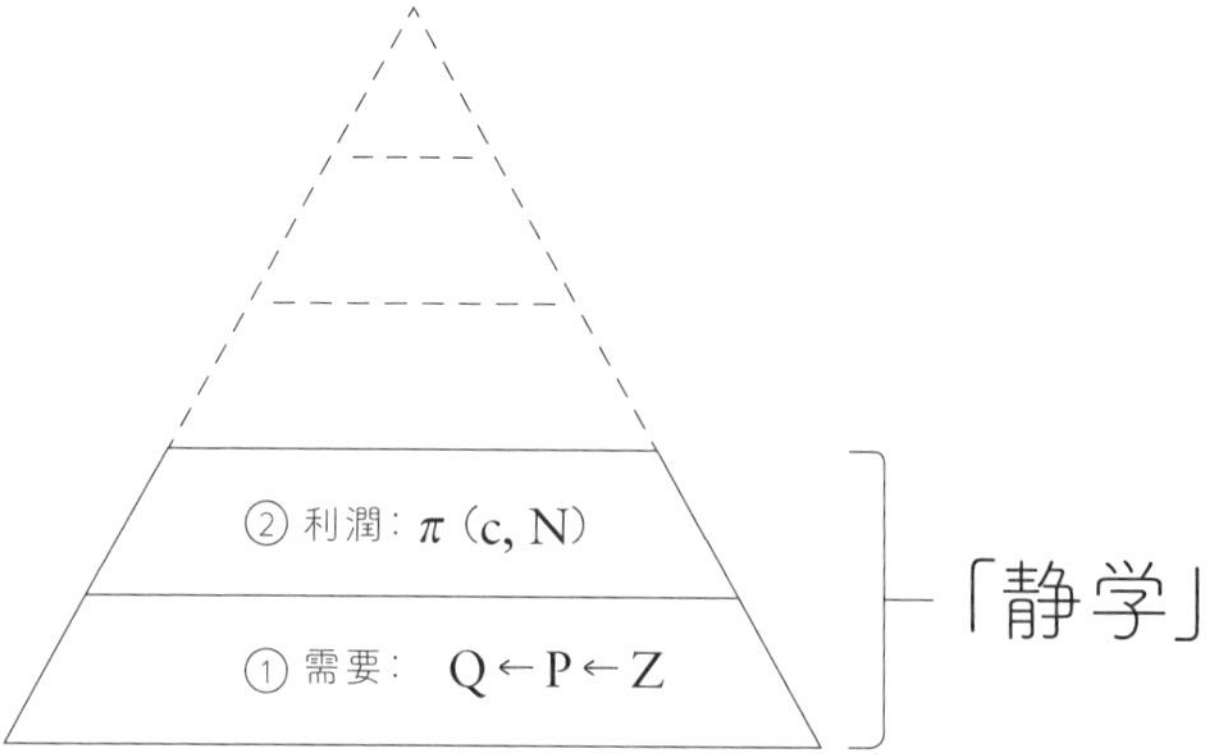

3章で紹介した「抜け駆け」のゲーム理論を、実証モデルの枠組みに織り込むということだ。

これまた難しそうだが、一歩一歩段取りを踏んでいけば大丈夫だ。不安になったら、3章をパラパラめくってみよう。（すべてが面倒になった人は10章に進んでしまおう。）

「先生」が無関心、または無敵の場合

まずは「抜け駆け」の誘惑がそもそもどこから出てくるのかを考えてみよう。

仮に自社の利益が100億円だとして、

「もしライバル企業が居ても居なくても」

「新製品を販売しているライバルが1社でも、5社でも、10社でも」

自社の儲けが変わらず100億円のままだった

としたら？

極端なケースだが（ケースAとしよう）、このような場合「抜け駆けするか・しないか」について思い悩む必要などあるだろうか？『こころ』の「先生」のように「最後の決断が必要」になったりするだろうか？

いや、そんな決断は必要ない。

競争相手の数や、彼らの新製品投入状況に関わらず、自社がいつも同じ利益を上げられるのであれば、ライバルに先駆けることなど考える必要はない。

原作小説では三角関係に悩んでいた「先生」が、

- もしも「下宿先のお嬢さん」のことなど歯牙にもかけない「無関心キャラ」だった場合、
- または、ライバルである「K」がお嬢さんに告白しようが付き合おうが結婚しようが、「最後は自分がお嬢さんの心を射止めてハッピーエンドになるのだ」と確信している無敵キャラだった場合、

を想像していただきたい。「Kに先駆けてお嬢さんを手に入れる」必要など、そもそもなくなってしまう。そんな小説は面白くないかもしれないが、とにかく「抜け駆け」の誘惑はゼロだ。

それでは逆に、もう一つの極端なケースとして（ケースBとしよう）、

- ライバル企業が新製品を投入した瞬間に、自社が即死する（利益が吹き飛んで一気にゼロになる）としたら？
- または、自社が先んじてイノベーションに成功すれば、即座にライバルを全員廃業に追い込める（ライバルの利益がゼロになる）としたら？

この場合は、イノベーションの「タイミングに悩む」どころではない。もはや一刻の猶予も許されず、急いで新製品を投入する以外に、生きのびる道はない。

以上をまとめると

- ケースA：ライバルの動向は全く自社の利益に影響しない　↓　抜け駆けの誘惑ゼロ
- ケースB：ライバルの動向次第で自社の生死が決まる　↓　抜け駆けの誘惑は最大

という両極端のケースになっている。まあここまで極端な状況は現実には少ないから、HDD市場を含め、現実の多くの事例はこれら両極の中間のどこかに当たるのだろう。真理は中道にあり、である。

「抜け駆け」の誘惑は、どこから？

となると実証分析の役割は、

「現実のＨＤＤ市場が、具体的に中間のどこにあるのか」

を探り当てることだ。もっと詳しく言えば、

「ライバルの存否やライバルによる新製品投入の有無によって、個々の企業の利益がどのくらい変化するのか」、

その増減の程度をデータから突きとめ、数値化すべきである。

大事なポイントなので、課題を明確にするためにさらに言い換えよう。

- 「抜け駆けの原因」を計測する＝

「ライバル企業数（および各社の新技術導入状況）が個別企業の利益に及ぼす影響」を計測する

という作業である。本章の主役はこれら２つの変数なので、しっかりレッテルを貼ろう。

- 企業数をＮ（Number of firmsの頭文字から）、

- 個別企業の利益をπ《パイ》と呼ぶことにする。

（Profitの頭文字Pは既出なので、ギリシャ文字でPに当たるπを転用。円周率3・14とは無関係である。）

だから「抜け駆け」を計測するためには、

「Nとπとの因果関係」

を実証しなければならない。ここまで来ると3章で話した「不完全競争」の理論や、5章で話した実証作法との関わりが、少しずつ見えてくるのではないだろうか。

容疑者クールノー氏とベルトラン氏の取り調べ

「不完全競争」の理論は「複数のメイン・プレイヤー」が戦略的に競い合っている状況（現実の多くの市場）を捉えるのに好都合な枠組みだ。

その代表例として、19世紀に活躍した2人のフランス人数学者、クールノー氏とベルトラン氏の世界観を紹介したのを覚えておられるだろうか？

クールノー（数量）競争と、ベルトラン（価格）競争。どちらの世界観を採用するかによって、「Nとπとの因果関係」についての理論的な予測も異なってくる。

さてその予測が「製品間の差別化の有無」（同質財か差別化財か）によっても影響を受ける、という話も、覚えておられただろうか？

今ここで、チラっと3章の図表3-3（94ページ）を開いていただきたい。

……あの図表にまとめた通り、「競争のタイプ」と「製品差別化の度合い」によって、個別企業の利益（π）とライバル数（N）の関係性がハッキリする。

- クールノー氏の世界では、ライバル（N）が増えるにつれて利益（π）は徐々に、なだらかに減少していった。
- ベルトラン氏の世界では、ライバル（N）が1人でもいると利益（π）は一気にゼロに激減した（同質財のケース）。
- 同じベルトラン・モデルでも、差別化財の場合は、クールノー・モデルと似たような（なだらかな）形状の「利潤関数」になる。

「**利潤関数**」と書くと字面は重々しいが、「πはNの関数（Nの値次第で変化するもの）と考えるのが自然だから、π(N)と表記したらいいよね」という、それだけの趣旨である。

というわけで私たちは、

「Nが増えるにつれて、πがどのくらい減少（あるいは増加）していくのか」を測りたい。言い換えると、

「利潤関数π(N)の形状」

を推計したい。それこそが、

「πとNの因果関係」

を調べる作業なのである。

それでは、実際のHDDメーカーの「利益と競争度」については、どのように考えたら良いだろうか？　判断材料を3つ検討してみよう。

第1に、「クールノー（数量）競争か、ベルトラン（価格）競争か」という点については、一概には決められない。当り前だが、現実の企業は「数量」と「価格」の両方について日々何らかの決断をしているし、他にも様々な物事に対処している。

それらすべてを盛り込んだ数式（モデル）を作ることは、た易いが、無意味だ。理論モデルは、現実世界のそれぞれ異なる側面や状況に焦点を当てた上で、物事の関係を数学的に単純化したものである。そうすることで初めて浮き彫りになるメカニズムというものがあり、私たちはそれを突きとめようとしている。だから、

「数理モデルは現実的ではない」

というよくあるツッコミは、フォーマルな分析の目的を勘違いしている。「欲しいものが分かっていない奴は、決してそれを手に入れることが出来ない」という点を5章で強調したが、モデリング（モデル化）というのはまさに、「欲しいもの以外を削ぎ落とす」作業だ。

クールノー理論とベルトラン理論のうち、どちらが一般論として正しいとか間違っているとか、そういう問題でもない。どちらの枠組みを使うべきかは、研究目的（問い）と状況証拠（業界事情）の双方を睨みながら総合的に判断すべきである。

私たちの実証分析のパートナーに相応しいのはクールノー氏か、それともベルトラン氏か？今のところ決定打を欠くので判断を保留して、他の材料を精査する。2人のフランス人の処遇については、その後改めて検討するとしよう。

第2の判断材料である「製品間の差別化の程度」については、次の2つの側面を指摘したい。まず、新製品（3・5インチHDD）と旧製品（5・25インチHDD）という製品規格は「差別化」されている。6章ではデータを使って、両者の間の差別化度合い（需要の弾力性）を推計したところだった。

その一方で、メーカー間の製品差別化は、さほど顕著ではない。ひとたび3・5インチと5・25インチという製品カテゴリー内部に注目すると、各社が製造・販売しているHDD製品は、似たり寄ったりである。つまり、新旧それぞれのカテゴリー内においては「同質財」に近い。

ＨＤＤ１台当たりの記録容量（１９９０年代当時のＨＤＤの容量は１００メガバイトとか１ギガバイトであった。２０１８年現在は5テラバイト、10テラバイトまで向上している）には色々なレベルがあるが、トップ・メーカー各社は、どこも似たような製品ラインナップだった。結局誰もが同じような財を売っていた。

コンピュータ関連の多くの製品がそうだったように、１９８０年代半ばに業界標準の製品仕様がひとたび固まってしまうと、ＨＤＤも「コモディティ」化していった。つまり個別ブランドによる差別化の余地が少ない、汎用品になった。

「シーゲイト社の5・25インチＨＤＤ」と「富士通の5・25インチＨＤＤ」は、「ケロッグ社のコーン・フレーク」と「カルビー社のフルーツ・グラノーラ」のようには、互いに差別化していなかったということだ。「キャラが立って」いない。

最後に第3の判断材料として、当時の各社の損益計算書など、財務・会計情報を見ると、

- 大して利益の出ていないメーカーが多いものの、
- 10％〜20％の粗利益率を達成している会社も複数ある。

熾烈な競争を繰り広げているものの、何かしら美味い汁を吸う余地は残っていたようだ。

分かった、犯人はクールノー氏だ！

……ここで立ち止まって一緒に考えていただきたい。現在揃っている材料は、次の通り。

- HDDの製品差別化は限定的である。
- 同じ製品カテゴリー（同質財市場）内に、5社とか10社がひしめいている。
- 各社ともそれなりの利益を出している。

これらの状況証拠を見ていくと、しばらく棚上げにしていた「クールノー競争か、ベルトラン競争か」という論点について、推理を進められそうだ。どちらのフランス人を逮捕すべきなのか？

「犯人」はクールノー氏だ。

つまり、クールノー競争モデルの方が、本件には当てはまりが良さそうである。なぜか？

- 「同質財の市場」に、
- 「2社以上のメーカーが競争」していて、なおかつ
- 「それなりの利益が出ている」

という3つの事実を矛盾なく説明できるのは、クールノー氏の世界観だけだ。もしベルトラン氏の設定を適用したならば、HDDメーカーの利益はゼロでないとおかしい。どうやら私たちはクールノー氏とともに歩むべき運命にあるようだ。

繰り返しになるが、数理モデルは、現実を単純化した上で論理的に解釈するための道具だ。データの中の企業が一挙手一投足、クールノー氏の想像どおりに動いているわけではない。しかしHDD業界における「企業数（N）と利益（π）の関係」を理解する上では、それなりに有意義な理論的「補助線」の役割を果たしそうだ。

だから「正しい」理論があるのではなく、何らかの「研究目的」に照らして「有意義」で「便利」な理論があるだけである。車を運転するときには道路地図を、電車で行くときには路線図を、登山ルートを決めるには地形図を使うのと同じだ。

この点を失念すると、ムダな論争に人生を浪費する羽目になる。くれぐれも注意してほしい。学説の「お勉強」そのものや、出来上がったモデル自体に価値はない。

「どういう切り口から現実を解釈するか」

試行錯誤するモデル化の過程こそが、真に貴重な経験なのだ。その経験こそが私たちの現実認識をシャープに、理論についての理解（妄想力）をディープにしてくれるだろう。

真の「利益」を計算するには、真の「コスト」を知らねばならない

フランス人数学者たちの取り調べに随分手間がかかってしまったが、クールノー氏の身柄を確保出来たのは大きな収穫だった。

収穫？　どういうことだろうか。その意味は、以下で明らかになる。

さてここで本来の目標に立ち返ろう。私たちは「抜け駆け」の根本原因を探し求めている。そのためには「利益と競争（企業数）の因果関係」をハッキリさせる必要がありそうだ。

なお「競争」という言葉は至るところで使われるが、非常に抽象的な概念だし、文脈によってもいろいろな意味があることに注意しよう。ここでは「（ほぼ）同質な財を製造・販売しているライバル企業の数」を指している。

「利益と競争の関係」を考える際には、まず私たちの世界観を明確にしないと話が進まない。需要サイド（買い手側）にとって、ＨＤＤは同質財なのか差別化財なのか。そして供給サイド（売り手側）の競争状況を語る際には、クールノー競争とベルトラン競争、どちらのモデルを採用し

たらいいのか。前節における検討の結果、

- 需要サイド、つまり買い手・消費者にとって、（5・25インチか3・5インチかという規格の違いを除けば）HDDは汎用品、つまり「同質財」であり、
- 供給サイド、つまり売り手・生産者にとって、競争の性質は「クールノー的」（生産計画と売上目標を立てたら、あとは営業部隊に死ぬ気で売らせるような競争）、

という構図に落ち着いた。

「各社の利益が競争相手の数によってどう増減するか」という「ステップ②」の目的地に到達するまで、あと少しである。

「利益を数値化」するための最後の段取りは、「生産・販売コスト」の推理だ。

なぜここで「コスト」の話が出てくるのか？　それは、

利益（π）＝収入（$P \times q$）－費用（C）

という重要な方程式が、この世の全てのビジネスを支配しているからである。

すなわち利益（π）とは、収入（P×q）から費用（C）を差し引いたものだ。ちなみにqが小文字なのは、ここでは業界全体の売上数量（Q）ではなく個別企業の売上数量データ（q）が必要だから、字面の上で区別しただけである。

このうち「収入」については、前章で「価格（P）と売上数量（Q）の関係」が判明しているから「処理済み」だ。

一方、ＨＤＤメーカーが生産・販売のために支払う「費用」（C）の分析は「未処理」である。生産・販売のコストが知りたいなら、財務会計データを一目見れば分かるのではないか？　先程フランス人の取り調べ中に「ＨＤＤの粗利益率」が10％とか20％とか言っていたではないか？そうお考えの人もいるだろう。

正解だ。ただし間違っている。

会計上の「製造原価」や「販売・管理費用」ならば、確かに損益計算書に載っている。しかし経済学者にとって、会計上の数値は（ほとんど）無意味である。

「会計上の費用・利益」と「経済学的な意味での費用・利益」は異なる概念だからである。

全て説明すると長くなるので、一つだけ例を挙げよう。

「資本のコスト」は目に見えないし、帳簿にも載っていない、という話をしたい。

「カネの出入り」に注目すると、商売・会社というものは、

- 「経営者自身のカネ」「他の出資者（株主）のカネ」あるいは「赤の他人のカネ」（つまり「銀行や取引先から借りているカネ」）のような様々なルートで「**調達**」した資金を、
- 原材料や部品の買い付け、製品在庫、工作機械や工場・自社ビル、ブランド力、そして人材や技術といった、とにかく「ありとあらゆる（現金とは別の）カタチ」に変える、つまり資金を将来の収入のために「**投資**」する、

という一種の「変換」を行うマシーンである。そして「投下された資本」（＝投資）が期待通りの収入を生んでくれれば（さらにその「収入」が各種の「費用」を上回ってくれれば）、成功ということになる。

問題は、「各種の費用」には「カネのコスト」も含まれるし、「カネのコスト」について真面目に考え始めると、キチンと計測するのはかなり難しい概念だという点だ。

投資に失敗してしまったとき、私たちは「あのカネで何が買えたか？」「あの時間を何に使えば良かったか」を、自ずと考えてしまう。

「あんなひどい立地に店を出すんじゃなかった」
「あんなひどい機械、買うんじゃなかった」

「あんな売れない商品、作らなきゃ良かった」

「あんな会社の株なんて買わないで、おとなしく銀行に預金しとけばよかった」

「あんな空室だらけの欠陥アパート、建てるんじゃなかった」

「あんな学校、行かなきゃよかった」

「あんな人と、付き合わなきゃよかった」

「10年前、いや20年前に戻って、人生をやり直したい」

「遊んでばかりいないで、真面目に経済学を勉強しておけばよかった」

「勉強ばかりしてないで、もっと社交性を身に着けておけばよかった」


「使ってしまったカネ」や「過ぎ去ってしまった時間」。そのかけがえのなさをムリヤリ金銭勘定するために、会計上は「**減価償却**」というコンセプトが使われる。

「注ぎ込んだカネ」が毎年一定額ずつ（あるいは一定比率で）消滅していく、という単純なフィクションを思い描くことによって、「カネと時間のコスト」という目に見えない概念を何とか実体化するのが、この会計処理である。

しかし減価償却（という「費用」）をどう計算するかは、財務・会計担当者の匙加減次第である。

よって会計の世界では、

「現金は『事実』だが、利益は『意見』に過ぎない」

という格言があるくらいだ。会計上の「利益」を計算するには、まず会計上の「収入」と「費用」を計算しなくてはならず、その「費用」の算定には裁量の余地が多い。（「収入」つまり売上高をどのような基準で計上すべきかも、実は厄介な問題である。）考え方や前提次第で、数字も変わってしまう。

以上の「カネや時間のコストを測るのは難しい」という話をまとめると、とりあえず会計データを頭から信用してはいけない、という結論になる。

クールノー理論と「需要の傾き」を使って、「真のコスト」を三角測量する

そこで経済学者は、

『真のコスト』を、他のデータから逆算する」

という発想の転換を行った。経営者の匙加減次第で上下してしまう「会計上の費用や利益」をそのまま使うのは危なっかしいので、

- もう少し信頼性の高い（客観的に測定しやすい）「価格」や「数量」といったデータと、
- 理論の「補助線」を活用することによって、
- 論理的につじつまの合う「真の費用」を推理してしまおう、というのだ。

いくつかの参考情報を組み合わせることで「クールノー氏とベルトラン氏、どちらのモデルを利用すべきか」を判断したのと同じように、ピースを組み合わせてパズルを解くような感覚である。

「直接計測できない何か」を「既知の事実」に基づいて推計する。古代ギリシャ人やエジプト人が「三角測量」を使って（自分の身長と影の長さを基にして）巨大ピラミッドの高さを計算したように、それは人類が昔からやってきたことだ。

具体的には、先立って身柄を拘束したクールノー氏に、早速役立ってもらう。クールノー氏の枠組みに従えば、「価格」と「数量」と「費用」の間には、

価格（P）＋数量（q）×「需要の傾き」＝費用（c）

という理論的関係が成立する。

（なぜそうなるのか？　ミクロ経済学を勉強しよう！　なお、この式を暗記する必要はない。）

このうち、

- 価格（P）は、私たちのデータに収録されている。
- 数量（q）も、データに入っている。
- **「需要の傾き」**は初登場だが、実はこれも既に私たちの手中にある。

「需要の傾き」は、「需要の弾力性」とほぼ表裏一体のコンセプトである。前章（ステップ①）で「需要を推計」した際に、私たちは「傾き」も一緒に計測していた。

一体いつの間に？

「需要の推計」という作業の中身を思い出してもらおう。それは「PとQの因果関係」を統計的に数値化することだった。5章の「回帰分析」に出てきた「散布図」と「傾向線」の図を覚えておられるだろうか。

「Pが増えたとき、Qはどれくらい増える（減る）か」

を知るとは、すなわち散布図にフィットする傾向線の「切片」と「傾き」を知ることである。だからあの時出てきた「傾向線の傾き」こそが「需要の傾き」だったのだ。

ステップ①は、ステップ②の伏線だったことになる。

ピラミッドは一段ずつ積み上げねばならない。

それではクールノー氏の方程式を、再度眺めてもらいたい。左辺に出てくる3つの変数（P、q、そして「需要の傾き」）は、いずれも既に判明している。あとは足し算と掛け算をするだけで、右辺の「真の生産・販売費用」（c）が計算できてしまう。一歩一歩着実にステップを踏んできたお蔭である。

ちなみに方程式の右辺に出てくる「費用（c）」が小文字なのには、2つ理由がある。1つはqと同じく「個別企業レベルの変数」だということ。もう1つは、厳密に言うとこの費用は「限界費用」（mc : marginal cost）という特別なコンセプトに該当するからである。先ほど「費用総額」を表すのに使った大文字のCと区別するためにも、やはり小文字のcを使った方がよい。限界費用についての説明は長くなるので割愛するが、気になる人は章末の「上級者向けの補足」を見てほしい。

実際にやってみよう：ＨＤＤのコストと利潤関数を推計する

以上、「実証分析」の割には抽象的な話が続いたが、百聞は一見にしかず。本節では、

- 「ＨＤＤ業界のメーカー数」（N）に関するデータと業界史を紹介した上で、

- 「真の製造・販売コスト」（c）の推計結果や、
- 「利益（π）と企業数（N）の因果関係」をお見せしよう。

まずは業界史から。

HDD業界の企業数は1987年まで増加し、そこから減少に転じた（図表7-2・上）。前半はコンピュータ関連業界全体が新たに誕生した、黎明期、あるいは「序盤」のマーケットなので、新規参入が旺盛であった。みんなが入ってきて、いろんな製品や製造方法を試している段階だ。

そのうちに「定番」の製品仕様だったり「一番効率的な生産工程」がハッキリしてくると、品質やコスト競争力で劣る弱小メーカーの中には、赤字に陥るものが出てくる。こうやって勝ち負けがハッキリしてくるのが、成熟期または「中盤」の局面である。相対的に劣る企業が振い落とされる大量死現象を「シェイク・アウト」（shake-out：そのまま「振るい落とし」の意味）という。この試練を乗り切って2000年まで辿り着いたのは、世界で10社未満である。

その後「終盤」のマーケットでは、サバイバー（生存者）同士の企業買収（M&A：Mergers and Acquisitions）を通じて、さらにメーカー数が減る。5社、4社、3社と、市場構造は独占に近づいていく。

この最後のプロセス（およびそこで望ましい独占禁止法・競争促進政策）については、また別の話になるので割愛する。本研究の続編に当たる、上武氏との共同プロジェクトが進行中なので、数年お待ちいただきたい。

　というわけで中盤までの企業数はそこそこ多いのであるが、一定以上の市場シェアを獲得・維持している会社は比較的少ない（図表7-2・下）。なお煩雑になるのでグラフには表示していないが、5・25インチ（旧製品）と3・5インチ（新製品）を作っているメーカーの顔ぶれは、微妙に異なる。

　ともあれ、これで企業数のデータも入手できたことだし、それでは、

①価格（P）のデータ、
②販売数量（Q）のデータ、
③「需要の傾き」の推計値、
④企業数（N）のデータ、

をクールノー方程式に投入してみよう。このうち、①・②・③の出所は6章である。④は、さっきのグラフのものだ。ついでに②と③を、

図表7-2　世界の主要HDDメーカー数（およびマーケットシェア）の推移

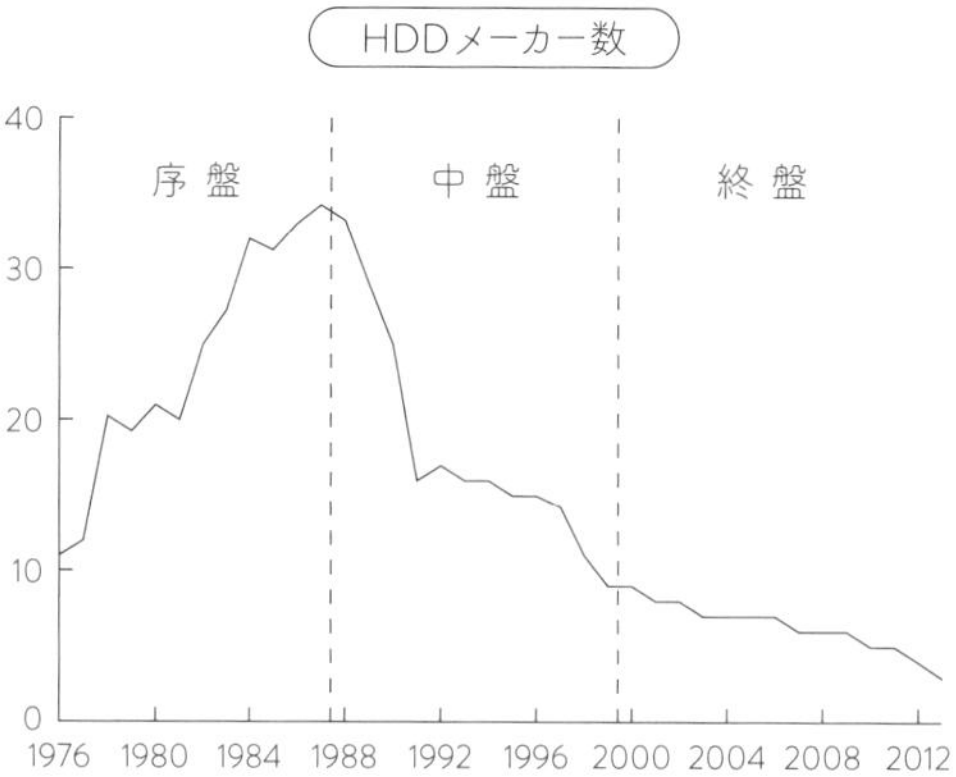

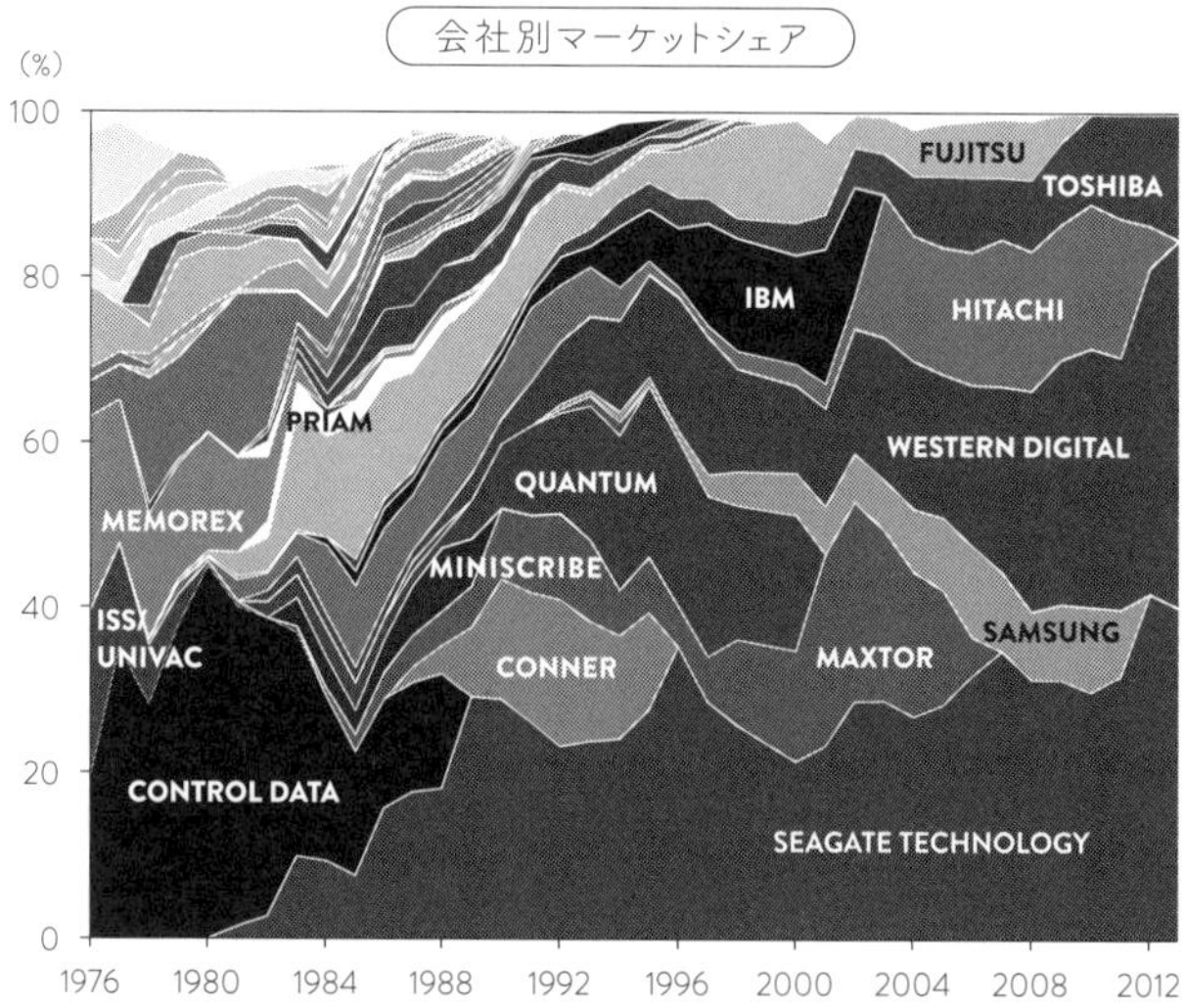

出所：Igami and Uetake (2017) "Mergers, Innovation, and Entry-Exit Dynamics."

Q ÷ N ＝ q （業界全体のＨＤＤ販売台数Ｑを、企業数Ｎで割る）

のように下ごしらえすることで「１社当たりの平均販売台数ｑ」に加工しておくと、例の数式にピッタリ代入できる。

その結果として右辺に算出された「真の生産・販売コスト」（ｃ）は、図表7‐3（上）のような平均値になった。旧製品（５・25インチ）と新製品（３・５インチ）で別々に計算したので、折れ線が２つ並んでいる。上昇している年もあるが、全体としては年々コストが低下している。ＨＤＤの性能（記録容量）は年々向上している（６章の図表６‐３）にも関わらず、１台当たりの生産・販売コストがこれだけ下がっている。ということは、

- プロセス（工程）イノベーションと
- プロダクト（製品）イノベーション

のいずれの面においても、HDDは飛躍的な進化を遂げてきたことになる。

ところで価格（P）のグラフ（6章の図表6-2・上）と、ここに出てくる費用（c）のグラフ（図表7-3・上）を見比べると、何だかソックリである。よくよく注意して眺めないと、全く同じにすら見えてしまう。

なぜだろうか？

同質財の市場に複数メーカーが共存すると、競争によって薄利多売（もしくは薄利少売）になる。市場価格（P）は下落しがちで、利幅（P－c）は極めて薄い。よってPとcはほとんど同じになるのだ。

このままだと利益額が小さすぎて、見えづらい。そこで図表7-3（下）では、「仮に、HDDメーカーが世界に3社しかいなかったとしたら、どの位の利益が出るのか」を反実仮想シミュレーションした。「新製品を投入することのメリット」を見やすくするために、それら3社の内訳も次のように工夫してある。

- 新旧両製品を製造・販売するメーカー（イノベーション済みの既存企業）の利益を、π（両）と記す。
- 旧製品のみを扱うメーカー（既存企業がイノベーションをする前の状態）の利益を、π（旧）と記す。
- 新製品のみを扱っているメーカー（新参企業）の利益を、π（新）と記す。

図表7-3　コストと利益

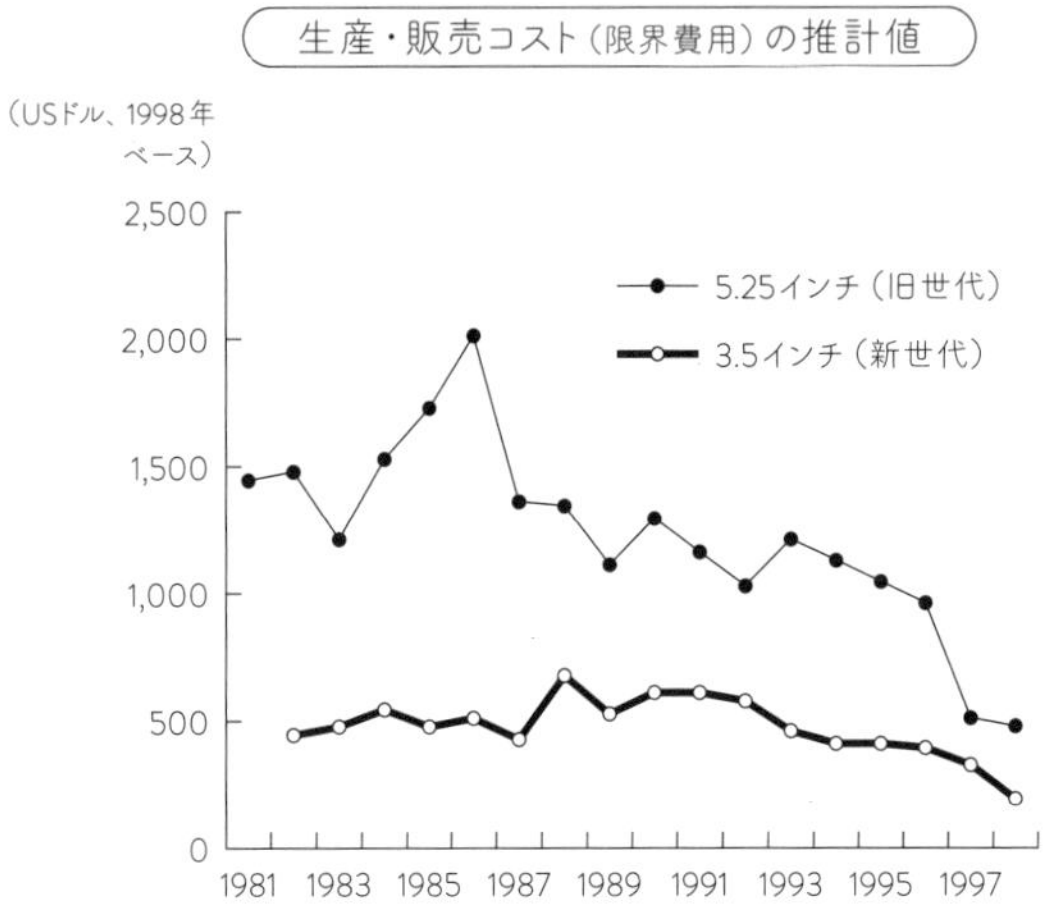
生産・販売コスト（限界費用）の推計値
（USドル、1998年ベース）
2,500
2,000
1,500
1,000
500
0
5.25インチ（旧世代）
3.5インチ（新世代）
1981 1983 1985 1987 1989 1991 1993 1995 1997

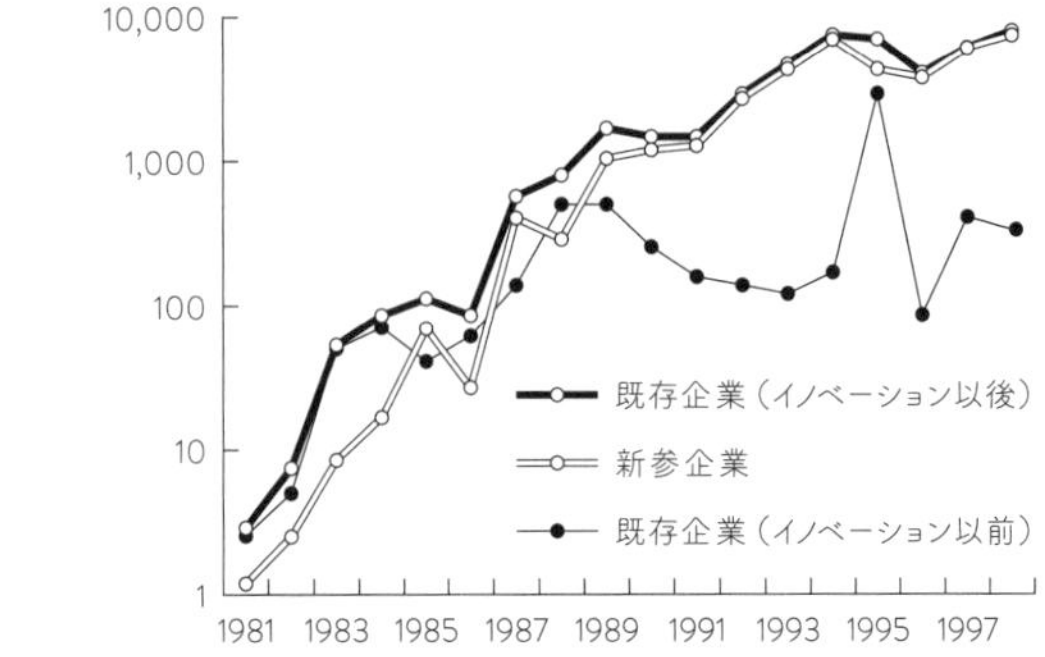
利益額の参考値
（USドル、1998年ベース）
10,000
1,000
100
10
1
既存企業（イノベーション以後）
新参企業
既存企業（イノベーション以前）
1981 1983 1985 1987 1989 1991 1993 1995 1997

という3タイプがそれぞれ1社ずつ存在する状況、を描いたものだ。新製品の人気は当初10年間それほど高くなかったから、新参企業の利益は「旧製品専業メーカー」とあまり変わらない。1980年代のπ(新)とπ(旧)は、抜きつ抜かれつしている。しかし1990年代に入ると、新製品への需要がグッと高まった。もはや旧製品だけではジリ貧という局面になっている。π(新)やπ(両)に比べて、π(旧)はかなり低い。もしここで既存企業がイノベーションに踏み切れば、晴れてπ(両)の稼ぎ手になれる。厳密にはこのグラフだけでは判断できないが、π(両)やπ(新)の方が圧倒的にπ(旧)よりも巨額なのだから、イノベーションした方が得なのは明らかだ。

にもかかわらず、現実にはイノベーションをしないまま消えていったメーカーも多い。この辺りに、何か大事なヒントが埋まっていそうだ。次章以降で掘り下げるとしよう。

本章の目標は「抜け駆け」の探求だから、最後にその点をハッキリさせておきたい。図表7-4はデータから推計した利潤関数を、(先ほどのように時系列ではなく)今度は「πとNの因果関係」にスポットライトを当てる形でグラフ化したものである。どんな形をしているのかイメージを掴んでもらうために、一例として「1990年時点のスナップショット」を切り出

した。数字の大小は年によって変わるが、
「ライバル（N）が増えると利益（π）が減る」
というパターンはどの年も同じだ。

本章の冒頭で述べたように、

- 「ライバルに先駆けて新製品を投入する」メリット（またはライバルに遅れをとるデメリット）は、
- 「Nが増えたときに、πはどれくらい減るか」という下降スピード次第

だから、利潤関数π(N)の傾きの緩急は重要である。じっくり観察してみよう。

図表7-4を具体的にどう見ればいいか？　こういうことだ。

- もしあなたの他にライバルが存在しない状態、つまり競争状況が「独占」（N＝1）だった場合、利益は年間4・2億ドル（約400億円）に上る。
- もしライバルが1社いたら、つまり競争状況が「複占」（N＝2）だった場合、利益は年間240億円に急減する。

3章で見た通り、ライバルが参入すると、単に自社の顧客数（販売数量q）が半減するだけで

図表7-4　利潤関数（1990年時点の例）

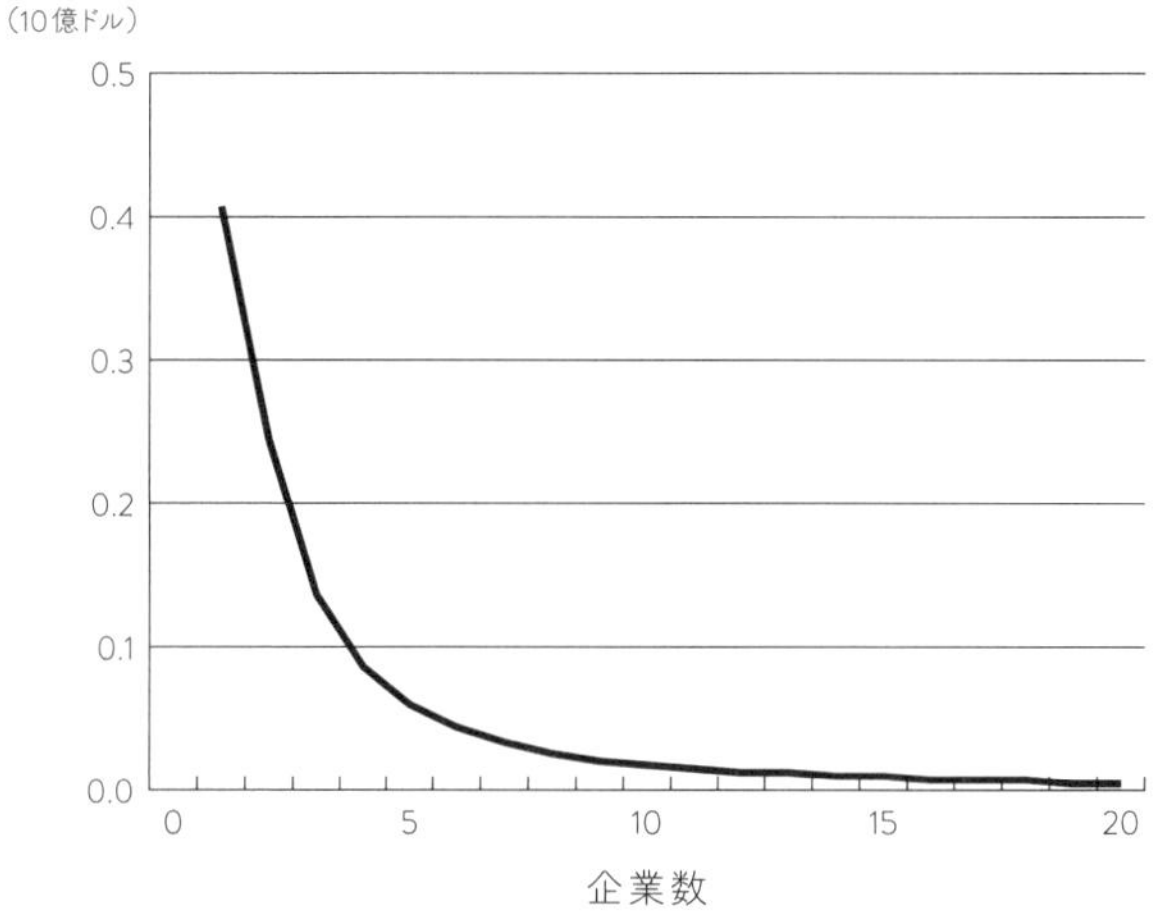

出所：Igami（2018）"Industry Dynamics of Offshoring."

なく、2社間の競争でHDDの市場価格（P）も下落してしまう。qとPの両面でダブルパンチとなり、独占のケースと比べて利益は一気に半減している。同様に、

- 3社、4社、5社間の競争になると、1社当たりの利益は140億円→90億円→60億円と下がっていく。

このくらいの企業数（N＝3、4、5）なら、まだまだ少数企業による市場支配すなわち「寡占」と呼んで差し支えない。しかし「競争相手が少数」というユルいイメージとは裏腹に、独占のケースと比べると、利益は極めて小さ

い。もし互いに何かしらの製品差別化が出来ていれば、競争による値下がりは緩和されるのだが、HDDのような同質財の市場においては、プレイヤーが5社もいれば相当激しい競争になってしまう。

ただし「利益の下がるスピード」が緩くなっていく点にも注目しよう。Nが増えるとπは減る一方だが、下落幅は小幅になっているし、下落率も小さくなっている。つまり、

- 独占（N＝1）から複占（N＝2）へ
  ：420億円－240億円＝180億円（43％）の下落
- N＝2から＝3へ：240億円－140億円＝100億円（42％）の下落
- N＝3から＝4へ：140億円－90億円＝50億円（36％）の下落
- N＝4から＝5へ：90億円－60億円＝30億円（33％）の下落

という具合だ。

雪山の斜面をスキーで下る場合、山の上の方は上級者向けの急斜面になっているスキー場が多いと思うが、山の裾野まで下りてくればゲレンデの斜面は緩やかになる。ちょうどあんな感

じである。

頂上から転落するときが一番痛い。独占（N＝1）の地位を失うことは、それくらい大きいダメージなのだ。

ということは逆に言えば、

- ライバルに先駆けてイノベーションに踏み切ることのメリット、そして、
- （ひょっとしたら）新製品を引っ提げて新規参入してくる（かもしれない）起業家・新参企業の脅威を未然に阻止することのメリット

もまた、独占企業ほど大きい。このあたりの理屈は、3章で色々な実例を取り上げたから、まだ覚えておられるかもしれない。

……というわけで「抜け駆け」の誘惑は相当大きいであろうことが判明した。

図表7-3（下）で見たように、私たちは本章で、1981年、1982年、……と毎年の利潤関数を算出した。記号で表示すると、

$\pi_{1981}(N)$, $\pi_{1982}(N)$, ……, $\pi_{1990}(N)$, ……, $\pi_{1998}(N)$

が既に私たちの手中にある（年数が多いので「…」の所は表記を省略したが、全年分算出してある）。十分な収穫である。

以上で実証分析の「静学的」なパート（ステップ①とステップ②）は完了だ。

あとはこれらの材料を有機的に繋ぎ合わせて、

- 先読みしている（動学的な）企業たちが、
- 互いに戦略的に（ゲーム理論的に）競争している様を、

そのまま忠実に「動学ゲーム」として料理すればよい。それがステップ③となる。

とはいえ口で言うほどカンタンな作業ではない。プロの経済学者でさえ、「動学」「先見的」という言葉を聞いた瞬間にパニックを起こす者がいるくらいである。ここはひとつ慎重に、雪山で遭難しないように気をつけて進むべき局面だ。

そこで次章では、「動学的に考える」枠組に慣れていただくために、

- ブラック企業からの脱出、
- 「黒い恋人」と「白い恋人」、
- モノポリー（ボードゲーム）

といった具体例に触れて、足腰を鍛えよう。これらは一見「イノベーターのジレンマ」と全く関係ないが、大事な部分で通底している。

上級者向けの補足（飛ばして次章に進んでも構わない）

「クールノー理論に基づく方程式」の所で登場した「限界費用」という概念については、入門レベルのミクロ経済学の教科書を読んでほしい。「企業・生産者」についての章に出てくるはずだ。経済学の基本中の基本である。

もし中級レベルの教科書が手元にある人（そして微分ができる人）は、「寡占・ゲーム理論」

の章を開いてみよう。先ほどの方程式が「クールノー競争における企業の利潤最大化の1階条件」から来ていることが分かるだろう。

このように「ゲーム理論を補助線として活用」し「直接目には見えないもの」を「現実のデータから逆算」する手法は、1980年代に、スタンフォード大学のティモシー・ブレスナハン氏や、ノースウェスタン大学のロバート・ポーター氏が開発した。この発想と分析手法は、現在も、産業組織論の実証研究において中心的な役割を果たしている。

これらの2校は前章の「補足」で挙げたハーバード大学やイェール大学と並んで、この分野の次世代を育成し続けている。直接ポーター氏の教えを受けた日本人経済学者も多く、私の修士時代の指導教授であった東京大学の大橋弘氏はその筆頭である。若手ではカリフォルニア大学バークレー校の川合慶氏、イェール大学の上武康亮氏、シンガポール経営大学の大西健氏らが、やはりノースウェスタン大学で博士号を取得した。またアマゾン・ジャパンのチーフ・エコノミストである渡辺安虎氏も、以前同大学で教鞭を取っていた。

ところで3章末でも少し触れたように「企業の利益の決定要因」と言えば、ハーバード大学のマイケル・ポーター氏による『競争の戦略』が有名だが、あれは実は（1970年代までの）産業組織論を、ビジネス・スクール向けにアレンジしたものである。

これに対して、「ゲーム理論を補助線としてデータを分析する」というロバート・ポーター流の実証手法は、1980年代以降に発展した。よって本章の分析は、マイケル（旧技術）ではなく、ロバート（新技術）を活用したことになる。

どちらも「競争と利益の関係を実証する」という基本ゴールは一緒だから、産業組織論と競争戦略論というのは、「本家」と「分家」のようなものだ。

第8章

Chapter 8

Dynamic Optimization

動学的感性を養おう

ステップ③ではいよいよ投資、つまり「将来の利益を期待しつつ、今はコストを負担する行動」を分析する。ピラミッドの3層目に当たるここからは、先を見越す「動学」が絡んで少し難しく感じられるだろう。

いきなりHDD業界の動学分析に飛び込むと遭難するかもしれない。まずはシンプルな例にたくさん触れることで直観を養おう。

「損して得とれ」は、すべて投資

本書でいう「投資」とは主に新製品の導入、つまりプロダクト・イノベーションのことだが、投資はイノベーションに限った話ではない。たとえば新規参入や撤退（退出）も広い意味では一種の投資行動である。なぜなら、

- 「参入」とは、「その市場・分野・業界にプレイヤーとして参加することによる将来の利益」を求めて、そのために必要な初期費用を支払うことだし、
- 逆に「退出」というのは、今いる市場に参加し続けることのメリットが見込めなくなってきた時に、商売道具や資産を売却する（買い手がつかない場合は単に処分する）行為だから、ちょうど参入をひっくり返した「逆投資」のようなものだ。

株式を買ったり売ったりするのと同じである。

「将来の利益」をどう計算するかが、こういう動学的な分析の要である。とは言え将来のことは誰にも分からない。普通の金融実務だったら、エクセルなどの表計算ソフトに「来年以降の毎年の予想利益」を記入してみるくらいだろう。もし余力があったら、2つか3つの未来予想シナリオを作ってみて、「これが基本シナリオ、こっちが楽観シナリオ、そ

図表8-1　利益予想の表計算

年度	2014	2015	2016	2017	2018	2019	2020	…	2032	2033	2034	…
実績／予想	実績	実績	実績	実績	予想	予想	予想	…	予想	予想	予想	…
利益（万円）												
基本シナリオ	1340	1360	1380	1400	1420	1440	1460	…	1660	1680	1700	…
楽観シナリオ	–	–	–		1600	1800	2000	…	5000	7000	9000	…
悲観シナリオ	–	–	–		1400	1400	1400	…	1400	1400	1400	…

※「利益＝収入－費用」なので、普通は利益だけでなく、その前提となる収入や費用（およびその主な内訳）も併記した方が便利だが、ここでは大枠のイメージだけ描いている。

っちは悲観シナリオ」みたいな議論をしてもいい。

作業のイメージは、図表8-1のような感じだ。


たとえば、家賃収入を期待してアパートを立てる場合、建築業者や不動産屋と相談する。

「この地域でこのくらいの大きさの部屋を貸すんだったら、相場はこのくらいですかねー」

「ワンルームの学生向けアパートはたくさんあるんで、空室ばっかりです。建てるのは止めときましょう」

「きちんとした2LDKにしたら、1部屋10万円でも30代以上の人たちに人気物件になりそうですね」

といったアドバイスをもらう。

計画中のアパートが採算に乗るのか否か、将来の利益をとりあえず判断しなければならない。予想がどのくらい当たるかは分からないが、分からないなりに、収入と支出の見通しを計算してみよう。

最大の「支出」は当初の建築費用である。何千万円も現金でポンと支払える人は少ないから、普通は建築費用を銀行から借りる。

銀行側もアパートの収支計画をチェックする。借り手（家主）が月々の家賃収入から住宅ローンの金利と元本を返済していくことが出来そうかどうか、審査するのだ。借金を踏み倒して夜逃げするような人物でないか、アパートのほかに収入源はあるか、連帯保証人には信頼が置けそうか、そういう「信用」度もチェックしなければならない。

銀行の話まで出てくると何だか面倒そうだが、アパート自体の収入見通しは割と単純な計算だ。要するに、今のうちに「建築費を支払う」という「損」をしておき、その見返りに将来の「家賃収入」という「得」を狙う。そういう「投資」である。

先ほどの表計算にならって言うと、初年度の利益（π_1と呼ぶことにしよう）は建築費（またはローンの頭金）の支払いでドーンと大きなマイナス、つまり赤字になるが、順当に行けば2年目以降の利益（π_2、π_3、π_4、…）は家賃収入のお蔭でプラス、つまり黒字になるだろう。

なお前章に引き続きπ（パイ）は、「利益（profit）」の頭文字Pに対応するギリシャ文字を使っているだけで、円周率とは関係ない。

未来のことは誰にも分からないが、「基本シナリオ」としては近所のアパート事情（住みたい人の数、つまり需要と、アパート物件数つまり供給）があまり大きく変化しない状況を考え、家賃収入はほぼ一定と考えておこうか。維持費や住宅ローンの返済といった費用もほぼ一定であろう。10年目や20年目といった節目の年には改修工事をした方がいいから、その費用もあらかじめ見込んでおくといい。

他のシナリオと区別するために、その計算結果をπ_2（基本）、π_3（基本）、π_4（基本）……のように記すことにする。

これに対する「楽観シナリオ」としては、この地域が突如「住みたい町トップテン」にランクインして住みたい人が増えるとか、日本経済が奇跡的に高成長軌道に乗って人々がリッチになるとか、とにかく需要が増えて家賃を上げられるような展開を想定する。その計算結果をπ_2（楽観）、π_3（楽観）、π_4（楽観）……と記そう。

逆に「悲観シナリオ」としては、ご近所中の中年・シニア層が相続税対策の「適齢期」に入り、土地活用がローカル・ブームになると、マズい。多数の新築アパートが供給されてしまい、空室が増え家賃は下がる。この場合の予想利益をπ_2（悲観）、π_3（悲観）、π_4（悲観）……と記そう。

それから大地震が来てアパートが半壊すると修繕費が必要になってしまう。ただし自分のアパートが無事で他のアパートが潰れた場合は、競争相手が減るので、むしろ「楽観」シナリオかもしれない。

投資・先読み・動学という言葉の響きに思わず身構えてしまった方も、中身はそれほど突飛なものではないとお分かりいただけただろうか。まあ、「アパート経営に興味津々」という学生やヤング・エグゼクティブは、あまり多くないかもしれない。他の例も挙げておこう。

時間・体力・精神力の「投資」

たとえば教育。中学・高校・大学と、一体どうして青春の貴重な10年間を「現実社会では何の役にも立たない」勉強に費やさねばならないのか。深い問いだが、本書は教育論や人生訓の本ではないので浅い答えをする。「そのほうが得だから」である。

同じ仕事内容でも多くの場合、高卒より大卒が、アルバイトや契約社員よりも正社員の方が給料が高い。昇進や昇給のチャンスも多い。そして30歳、40歳時点で実績がないと、戦力外扱いされてしまうこともある。

「俺には私には特別な才能がある！　根拠のない自信もある！　会社員人生など最初から眼中になどない！」という人もいるだろう。そういう反骨精神は大事なので失わないように。ただし「努力と才能と根拠のない自信」で勝負する世界の方が、よりシビアな「投資」を要求される。

たとえば将棋のプロ。「プロ棋士」になるためには26歳までに勝ちまくって四段に昇進しなければならない。一旦プロになっても戦績が振るわなければ稼ぎは少なく、プロ資格を失うこともある（らしい）。

同じ実力制でも、スポーツの世界はキャリアの開始と終了がさらに早いし、その後の身の振り方も考えねばならない。また漫画家や小説家のような作家性のある仕事は、売れなければそこで終了だ。

もしあなたにそういう方面の熱意があるなら「大学や大学院に行こうかどうしようか」等というぬるい悩みとは無縁だろう。もっと苛烈な、別次元の「投資」を日々迫られているはずだ。

ところで、「努力なら、いくらでもします！」と口で言うのは簡単だが、時間・体力・精神力はいずれも有限である。

- 今日残業すれば今晩の締め切りには間に合うが、明日の頭の回転は鈍ることだろう。
- 今日も明日も来月も来年も無理をすれば、5年後の心身は回復不能なダメージを負うだろう（あるいは5年後を迎えられないかもしれない）。

明日勝つために、来年も勝つために、長いキャリアを可能にするために、今何をすべきか。この時間を何に使うか。どう休息をとるのか。それはまさに「将来の利益を見込んで、いま何に資源を投入しておくか」という問題設定であり、投資である。

過ぎ去った時間は、もう戻ってこない。

期待価値 vs 埋没費用

ここまでのユルい話を、経済学的にキュッと締めておく。そのために「期待価値」と「埋没費用」という言葉を知っておこう。

「その投資をするべきか？ やめておくべきか？」という決断。

「いくつかある選択肢の中から、どの投資案件を選ぶべきか？」というチョイス。

そういう大事な判断をするときに、便利な概念だからだ。

アパートの例で言うと、「そもそもこのアパートを建てるべきか？」を決める必要があるわけだが、そのためには、将来の利益を全部まとめて1つの数字に集約してしまうと話が簡単になる。耐用年数が30年だとしたら、とりあえず（建築費は抜きにして）1年目から30年目までの利益を合計してみよう。

$$V = \pi_{1}(\text{基本}) + \pi_{2}(\text{基本}) + \pi_{3}(\text{基本}) + \cdots + \pi_{30}(\text{基本})$$

これがアパートの「価値」（V：value）だ。厳密に言うと利益の予想あるいは期待値を足し算

している。そういう
「確率的で不確実な話をしてますよ」
という意味合いを込めて「期待価値」と呼ぶこともある。「基本」「楽観」「悲観」のような各種シナリオが「それぞれどれ位の確率で起こるか」まで考えて、その加重平均を織り込んでもいい（が面倒臭いので、ここでは基本シナリオの数字だけを使う）。

これに対して、建築費は初年度にまとめて払う必要があり、一度建ててしまったアパートはそう易々と「やっぱりやーめた」という訳にはいかない。もちろん取り壊すのは自由だが、建築費は返ってこない。むしろ解体費用を新たに支払わねばならない。そういう意味で、建築費は不可逆的な（一度払ったら、もう戻ってはこない）コストである。

こういう「取り返しのつかない」費用を「埋没費用《サンク・コスト》」と言う。埋没という文字だけ見ると「埋めた物なら、また掘り返せばいいじゃない？」という気もしてくるが、この言葉は英語のsink《シンク》（沈める）→sunk《サンク》（もう沈められてしまった）に対応するので、イメージとしては裏山に「埋める」というよりも、大金塊のような重くて値打ちのあるものをマリアナ海溝のような深い深い海の底に「沈める」というニュアンスである。

ヤクザものの話によく出てくる「コンクリートに埋めて東京湾（大阪湾）に沈めてやろうか、ああん？」という感じだ。よって本来は「コンクリート埋没費用」または「水没費用」と和訳した方がいいかもしれないが、経済学のイメージが悪くなる。ここは定訳に従っておこう。

同じ「コスト」でも、毎期毎期かかる「HDDを製造するための1台あたりの費用（変動費用または限界費用）や本社スタッフの給料（固定費用）とは区別したいので、「埋没費用」を表す記号としてはcostの頭文字Cではなく、音の響きが似たギリシャ文字であるκ（カッパ）を使おう。ちなみに今回もわざわざギリシャ文字を出してきたのは、普通のアルファベットのK（ケイ）は資本（capital stock）に多く使われるので、混同を避けるためだ。

というわけでV（期待価値）とκ（埋没費用）を使って「アパート建築の是非」を問うと、

$$V > \kappa$$

ならば「得」の方が「損」より大きいので投資すべきだし、逆に

$$V < \kappa$$

ならば「得」より「損」の方が大きいので、やめた方がいい。

だから表計算のゴールは、Vとκの大小関係を突きとめることにある。

期待価値について学んだことのある人は経済学部生でも少ないだろうし、見慣れないギリシャ文字が出てくると不安になるかもしれないが、私たちが日々やっている「費用vs効果」(お得感とか利益)の計算を未来について応用しているだけだ、心配ない。Vが「得」、κが「損」で、この2つを比べて「損得」勘定をしているだけである。

「先を見越して行動する」方法

一編の映画を鑑賞するような「動学」的な状況は、実際に多い。たとえば、車の買い替え。今年新品で買ったあなたの車だが、乗っているうちに走行距離は長くなり、来年は1年モノの中古、再来年は2年モノの中古になっていく。5年、10年と時が過ぎるうち車内外のあちこちに経年劣化の兆候が目立つようになり、修理費や車検代も馬鹿にならなくなる。

どこかで「新車に買い替えたほうが得だ」という時が訪れる。この時あなたは、

「古い車に乗りつづけて、じわじわと維持費が増してくる」という将来シナリオAと、

「新車を買って、快適な走行と安い維持費でハッピーに過ごす」という将来シナリオB
とを比較して、よりお得な方を選ぶべきだろう。どこまで細かく計算するか(しないか)は

図表8-2　車の買い替え

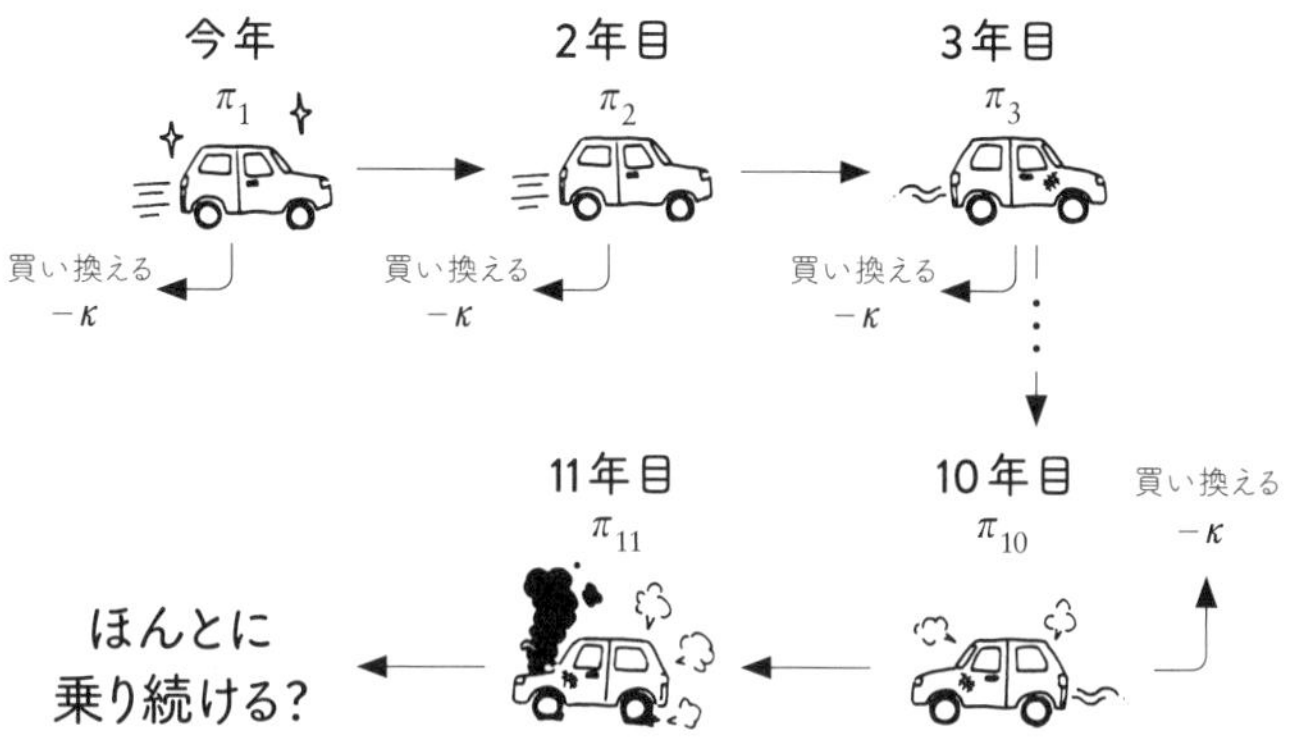

人それぞれだが、大まかに言うと、そういう2択問題に毎年直面していると言える。

まとめると図表8-2のような感じだ。ちょっと双六っぽいが、この1人プレイのゲームに「あがり」はなく、ひたすら「無限ループ」である。ほっとくと毎年1コマずつ右（時計回り）に進んでいき、車はその分古くなってゆく。「買い替える」を選ぶと、新車という「ふりだし」に戻ることができる。

ごく単純なこの「ゲーム」の目的はただひとつ、買い替えのタイミングをうまく決めて、「維持費と新車代金と日々の幸福感」が総合的に一番良い感じの人生を送ることだ。

こういう設定のゲームを「最適停止問題」という。経済学に限らず、数学を応用した「最適制御理論」という工学分野とも関連が深い。（ちなみに「1人プレイのゲーム」は、複数プレイヤー間の駆け引きに注目するゲーム理論的な見地からは、通常あえて「ゲーム」とは呼ばないが、感覚的な分かり易さを優先して本節ではこう呼んでいる。）

「イノベーターのジレンマ」の本題に戻る前に、もうしばらく簡単な例で直感を養い、イメージをしっかりつかんでおこう。

ブラック企業と「不機嫌な恋人」

劣悪な労働環境の会社を総称して「ブラック企業」という呼び方が定着している。仮にあなたがキャリアの獣道に迷い込んでしまい、うっかりブラック企業に勤めることになったとしよう。そこでは、働けば働くほど心身が病んでいく。

こういう場合、「車の買い替え」のように3年とか5年とか悠長なことを言っていると本当に死んでしまうので、もっとマシな仕事が見つかり次第、そっちに移った方がいい（図表8-3）。

といってもブラック企業にいる限り、転職活動の時間すら与えられないのは目に見えている。多少の貯金があったなら、新しい仕事が見つかっていなくても、とりあえず逃げた方がいい。もし貯金も頼れる家族や友人もなかったら……ひとまず無料の法律相談を受けるなどのアクションをとっかかりに脱出し、アルバイトとハローワーク通いでも始めようか。

こういう「身の振り方」のゲームは、職業人生に限った話ではない。

図表8-3　ブラック企業からの脱出

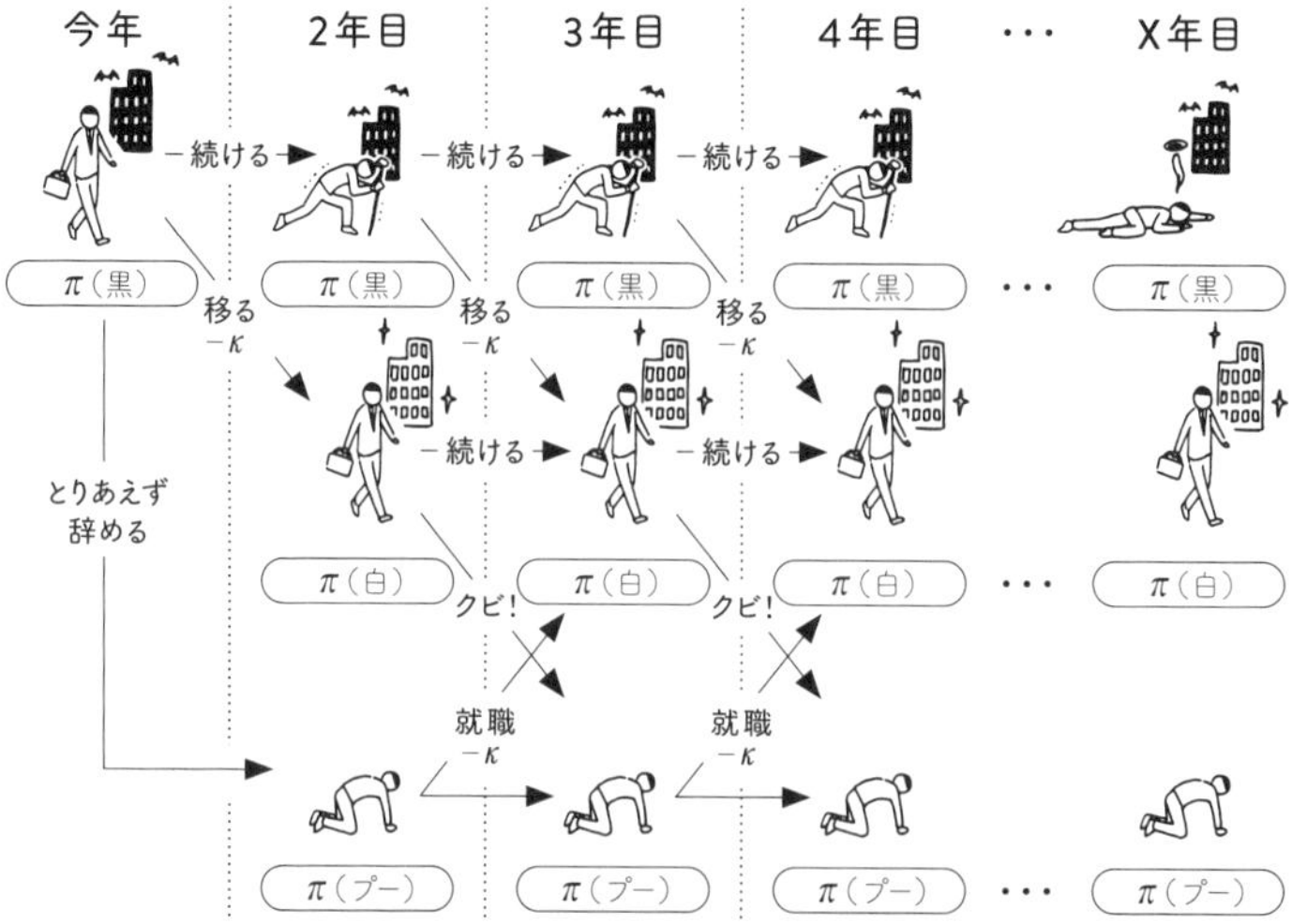

たまたま「不機嫌な恋人」とつき合って、一緒に暮らすことになったとしよう。不機嫌な人と一緒にいるのは結構くたびれるものだ。「たまたま機嫌の悪い日もある」くらいならいいが、世の中にはそれが慢性化している人もいる。

まあ百歩譲って、不機嫌なくらいなら何とかなるかもしれないが、大声で叫び始めたり、暴れて物を壊したり、物理的に噛みついてくるようになると、生活も仕事も育児も、およそ人生のすべてが不可能になってしまう。まあはっきり言って逃げ出すしかないだろう（図表8-4）。

独り身になるのは寂しいかもしれないが、こういうのは心身を病んでからでは遅い。そういう末路まで含めて「先を見越し」た上で、「三十六計逃げるに如か

図表8-4　「黒い恋人」と「白い恋人」

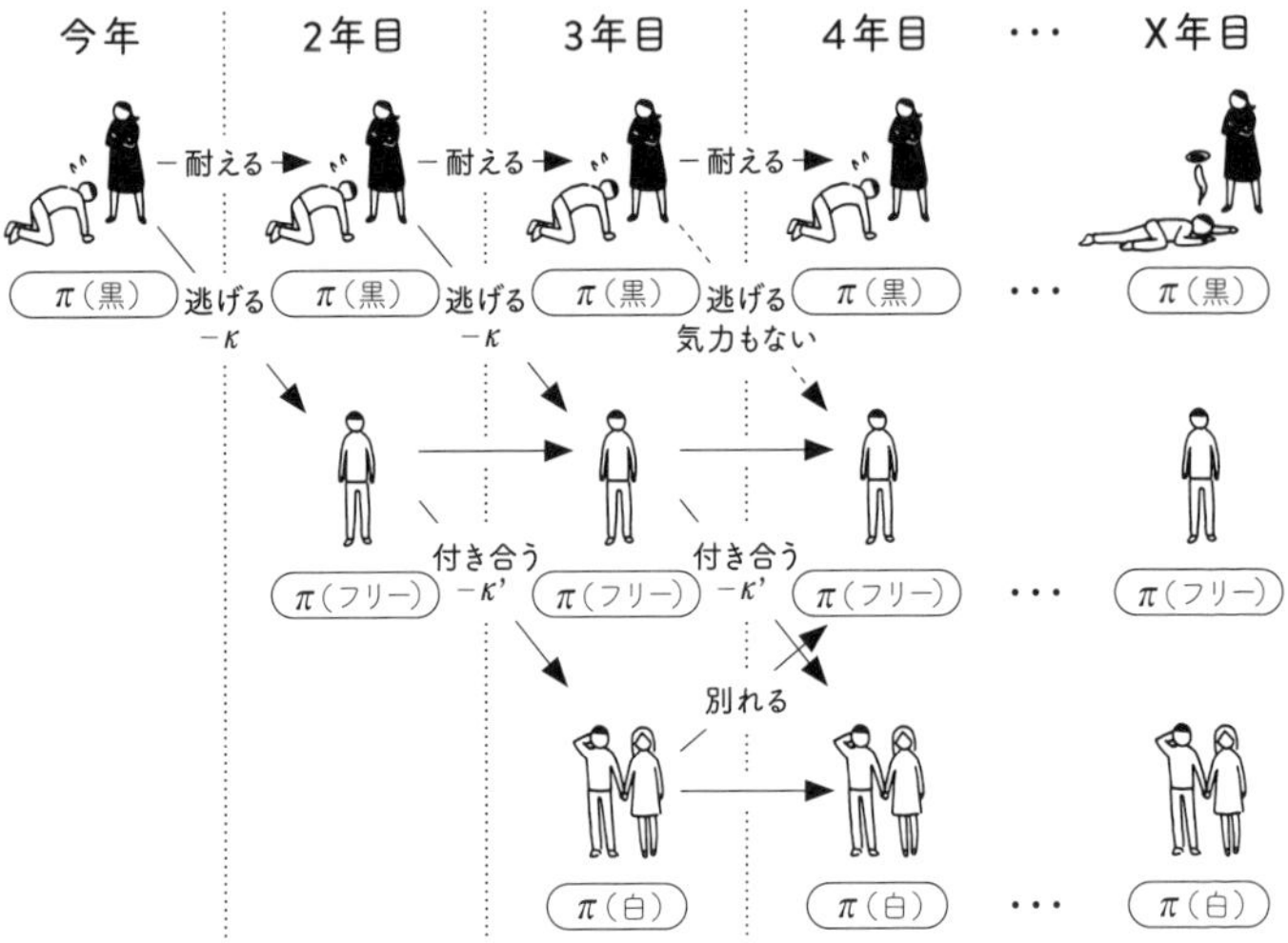

ず」である。身体に受けたダメージは医者に診てもらって、しっかり証拠として残しつつ、ダッシュで逃げよう。警察や弁護士にも相談しよう。

人々の行動からは、利益やコストを「逆算」できる

ここまでの3つの例で「先を見越して行動する」という動学的な世界観に、何となく馴染んでもらえただろうか？

もう一歩理解を深めるために、少し詳しく振り返ってみよう。と言ってもメリットとデメリットに「名前」を付けて整理するだけだ。

- 毎年ごとのメリットは（企業にとっての）利益と同じようなものなので、πで表そう。
- 「車の買い替え」「ブラック企業からの転職」「黒い恋人からの避難」のような決断と行動を起こすコストをκで表そう。

これらメリット（π）とコスト（κ）について先々まで考えた上で、その場その場での適切な判断を考えよう。

車の買い替えのケースでは、乗ってる車の使用年数に応じて状況が変わる。年数が1、2、3…と増えるにつれ、「日々のハッピー度」は、$\pi_1 > \pi_2 > \pi_3 > \cdots$のように段々下がっていくだろう。不具合が増え、維持費も高くなるためだ。

しかし新車を買うにはカネがかかり、そのコスト（κ）も無視できない。

大ざっぱに計算するとしたら、たとえば「5年目で新車に買い替える決断」の背後には、次の2つの選択肢を見て取ることができる。

- 「5年目以降もずっと乗り続ける」場合の「幸福」の合計：

$$V_{(\text{乗り続ける})} = \pi_5 + \pi_6 + \pi_7 + \pi_8 + \cdots$$

- 「5年目の年末に新車に買い替える」場合の「幸福」の合計：

$$V_{(\text{買い替える})} = \pi_5 - \kappa + \pi_1 + \pi_2 + \pi_3 + \cdots$$

もしも「V（買い替える）＞V（乗り続ける）」という大小関係が成り立っているなら、5年目末の時点で買い替えるべきである。

ここまでは大丈夫だろうか？

では一旦、買い替えの「当事者」目線から離れて、この「買い替え行動」について研究する第三者の立場に立ってみよう。「分析者」目線である。

もし新車の値段（κ）が既にデータとして判明しているならば、この人が「5年目に買い替えた」という事実（これもデータだ）と合わせて推理することによって、「新車に5年間乗ることの利益」（$\pi_1+\pi_2+\pi_3+\pi_4+\pi_5$）を逆算できるだろう。

数式に興味のない人は飛ばしてくれて構わないが、具体的には次のような計算になる。（左辺と右辺の間で幾つかの項を移動させたり、左右に共通する項を相殺するだけだ。）

V（乗り続ける）

＞

V（買い替える）

…ということは、言い換えれば（2つのVの中身を書き下すと）、

$$(\pi_5 + \pi_6 + \pi_7 + \pi_8 + \cdots) > (\pi_5 - \kappa + \pi_1 + \pi_2 + \pi_3 + \pi_4 + \pi_5 + \pi_6 + \pi_7 + \pi_8 + \cdots)$$

…ということは言い換えれば（両辺に共通するπ_5以降の全πを相殺して）、

$$(\pi_5 - \kappa + \pi_1 + \pi_2 + \pi_3 + \pi_4) > 0$$

…ということは言い換えれば（κを左辺から右辺に移項して）、

$$(\pi_1 + \pi_2 + \pi_3 + \pi_4 + \pi_5) > \kappa$$

…つまり「新車を買うことのコスト」よりも「新車に5年間乗ることの利益」は大きいはずだ。厳密な計算はもう少し面倒だが、考え方の雰囲気だけ理解してくれればよい。

逆に、この人の買った新車の実際の値段（κ）が記録されていなかったとしても、もし「新車に5年間乗ることの利益」（$\pi_1 + \pi_2 + \pi_3 + \pi_4 + \pi_5$）の見当がついているならば、そこから「コスト」$\kappa$を逆算することが可能だ。

このように、単純な理屈を「補助線」のように活用することで、「人々が実際に採った行動」（データ）から幸福度やコストを逆算し、現実世界の「行間」を読み取ることができる。

「人々の趣味・好みを、実際の行動パターンから読み解く」

というこの着眼点を、経済学用語では「**顕示選好の原則**」という。

私たちの好み（選好）は私たちの行動に表れて（顕示されて）しまうはずだ、という意味だ。

だからたとえばアマゾンやグーグルは、商品の閲覧・購入履歴、検索履歴、GPS上の足跡から、私たちの好みについて相当いろいろ推理していることだろう。

データの背後に一定の論理を想定すると、そのデータから学べる内容が飛躍的に豊かになる。「ブラック企業からの脱出」のケースでは、まずブラック企業に勤めている状態の利益をπ(黒)、それよりもマシな「ホワイト企業」に勤めたときの給料をπ(白)、ついでに無職のときの収入をπ(プー)としよう。

- π(黒)の値はあまりハッキリしない。給料は目に見えるが、「ブラック企業で働くことのツラさ」は目に見えないからだ。これを数値化するには、何らかの補助線が必要だ。その算出を、分析のゴールとしよう。
- 逆に、ホワイト企業で働くことは特にツラくないだろうから、π(白)は単純に「ホワイト企業での給料」ということでよかろう。なお「どんな会社でもどんな仕事でも苦労はある」というのも一つの真実だが、本件では(相対的にあまり重要ではなさそうなので)無視する。
- 無職でも、一定期間は政府から失業保険がもらえたりするが、会社側からクビにされたわけではない「自己都合退職」の場合は、大した金額にならない。よってπ(プー)はゼロとする。

ブラック企業からホワイト企業に移籍するためには、転職活動に時間と労力を割かねばならない。そのコストをκとする。この手間暇は、無職の状態からホワイト企業に就職活動する場合も、同じくらいのκだとする。

ここで、前述した「新車に乗る幸福」と「新車を買うコスト」の時と同じような理屈を使おう。

もしκを金銭換算したものがデータとして判明しているのであれば、π（黒）が推計できる。そしてπ（白）と比較すれば、「ブラック企業で働くツラさ」を金銭換算できるだろう。

もしデータ状況が良好で、他にもいろいろな補足情報が手に入るのであれば、たとえκが計測されていなくても、π（黒）とκを両方まとめてデータから逆算できるかもしれない。

こういうのは一種のパズルみたいなもので、計量経済学で言う「識別」問題と関わりが深い。

不機嫌な恋人と別れることの「オプション価値」

「不機嫌な恋人」のケースも似た設定である。やはりπ（黒）やπ（白）やπ（フリー）といった「その状態にいることの利益」とか、κという「新たな状態に移行するためのコスト」を、データからあぶり出すことが可能だ。

仮にあなたが恋人（黒）のもとで酷い目にあっているにも関わらず、「逃げる」という行動に出なかった場合、そんなあなたを観察した経済学者は、次のように推理する。

①あなたはマゾヒストなので、実はπ（黒）が相当高いのかもしれない。
②あなたはマゾヒストではないが、フリーになるのが嫌で仕方ない、つまりπ（フリー）が低い。
③あなたはマゾヒストではないが、優柔不断だったり、逃走資金がなかったり、頼れる友人がいなかったりで、逃げることのコスト（κ）が高い。

もし①が真実なら、おめでとう。そのまま恋人（黒）と幸せに暮らしていただきたい。あなたにとっては「黒」こそが究極の「白」なのだ。まさに「蓼食う虫」である。

もし③が真実なら、決断力を鍛えたり、誰かに相談して背中を押してもらったり、逃走資金を貯めるといいだろう。

ただし②の「π（フリー）が低い」については、もう少し探究する余地がある。なぜならフリーという状態は、それ自体で完結しているわけではなく、その後の「他をあたる」行動の結果によっては、「白い恋人」すなわち「不機嫌ではない恋人」が見つかる可能性をも孕んでいるからだ。もちろん相手のあることだから、逃亡時点で確実な未来は分からない。しかし「世界人類、全員が不機嫌」ということはないはずで、運が良ければ恋人（白）と出会えるかもしれない。

つまり「逃げる」というのは宝くじを買うようなものだ。結果は未知でありながらも、何らかの賞品に当選するかもしれない。宝くじ好きの人がよく「オレは夢を買っているんだ！」と主張する通り、賞品の「期待値」を買っているとも言える。

こういう「将来何かが出来る（かもしれない）ことの期待価値」を、経済学では「オプション価値」と呼ぶことがある。実体経済《リアル・エコノミー》に即した「宝くじ」なので、ファイナンス分野では「リアル・オプション」という言い方もされる。時間のかかる投資プロジェクト（途中で何かが起こって状況が変わるかもしれない）について考えたり、その価値を測ったりする時に便利である。

そういう「期待価値」まで考慮すると、②の「π（フリー）が低い」という言い方は、やや短絡的だ。

「黒い恋人から逃げる」決断をする際に重要なのは、目先1年のπ（黒）とπ（フリー）の大小関係だけではない。それでは近視眼的にすぎる。

そうではなくて、今年、来年、再来年……という将来まで展望したときに、「フリー」の状態からスタートして「その後どういう展開があり得るか」までも含めて考えるべきだ。

当面1年分のπ（フリー）だけでなく、その後の毎年のπ（フリー）や、いつか出会うかもしれない恋人（白）と過ごす幸福π（白）、も織り込み済みの、V（フリー）に目を向けよう。

「運が良ければ何年か先には白い恋人に出会って、そこから先は毎年π（白）を享受できるかもしれない」といった「夢」シナリオまで思い描こう。そこまで含めた「フリーであることの期待価値」V（フリー）がどのくらい大きいのか、それこそが本質である。「先を見越した」妄想があるからこそ「今この時点で」現実的な行動が採れる。

したがって②は「V（フリー）が低い」と言った方が正確で、その理由をさらに深掘りできる。私がパッと思いつくのは、次の４つの可能性だ。

②（a）白い恋人はレアなので、見つけるコスト（κ'）が高い。

②（b）「白い恋人」といっても所詮は人間なので、不機嫌になる事もあるだろうし、ケンカする事もあるだろう。π（白）はあまり高くないかもしれない。

②（c）白い恋人に出会っても、すぐに別れてしまう可能性が大きいので、π（白）は短期間しか享受できずに、またすぐにフリーに逆戻りしてしまう。

②（d）とにかく独りでいることに耐えられない、つまりπ（フリー）が超低い。

もしもあなたが不機嫌な恋人に悩まされているとしたら、そして、それでもなかなか離れられないでいるとしたら、そこにはどんな理由が隠されているのだろうか？

（a）の場合は、κ'を下げる工夫が見つかるとよい。恋人探しの場所を考え直したり、自分のスペックを改善するとか、まあそういう地味な努力も大切だろう。

（b）の場合は「みんな灰色」という世界なので仕方ない。それでも、あなたの好みに合う「限りなく白に近い灰色」の恋人が見つかることを祈ろう。

（c）の場合は、まあそういうことなら仕方あるまい、お独りさま生活を快適にしていこう。どうせ人間最後は独り、早めにそう悟っておくのも悪くない。

（d）の場合……こういう人は座禅するとか体幹を鍛えるとか、まずは自分自身の精神力アップに努めることをオススメする。胆力が必要である。そうでないと次は「一見白かと思ったら、実は真っ黒」な恋人にハマって逃げられなくなってしまうかもしれない。（それでも構わないというのなら、実はシナリオ①の方が正解で、あなたはやっぱりマゾヒストなのかもしれない。私には理解できないが、幸運を祈る）。

最後の方は人生相談みたいになってしまったが、「先を見越して考える」ことの身近さ、そして奥深さを、少しでも味わってもらえたなら幸いである。

対戦プレイのゲームでも、分析の根幹は同じ

対戦相手のいる複数人プレイのゲームであっても、基本的な考え方は1人プレイのゲームと

同じだ。

普通の双六は、１人１人が粛々とサイコロを振って「あがり」の速さを競う個人競技だが、同じ双六でも、プレイヤー同士が激しくぶつかり合うモノポリーというゲームがある。

英語で「独占」を意味するゲーム名の通り、自分が止まったマスにある不動産物件やビジネスを「独占」して価格を吊り上げ、後からそのマスに止まった他のプレイヤーから有り金を巻き上げて破産させるのがゴールだ。すがすがしいまでの競争精神というか、拝金主義というか、いかにもアメリカ風で、もちろん私は大好きだ。

図表8-5がモノポリーの盤面だ。右下のGOと書かれたマスからスタートし、プレイヤーが順番にサイコロ2個を振ってマス目を進む。時計回りにぐるぐる周回するようなコース設計である。みんなそれぞれ、自分が止まったマスの土地をどんどん買い占めていく。

お互いの所有物件について交渉し、交換したり売買することも可能である。同じ地域の複数物件を独占すると、今度はそこに宿屋やホテルを建てられる。施設が豪華になれば、他のプレイヤーがそのマスに止まった際の宿泊料を値上げできるのだ。

そうして何周かするうちに、大体どのマスも誰かの所有物になっていく。サイコロの出目次第では、対戦相手の建てた豪華ホテルのマスに止まってしまい、巨額の宿泊料を支払わされて一巻の終わり。そういう危険な状況も増えてくる。

ワクワクしてこないだろうか？　本書をよりよく理解するための必要経費だと思って、ぜひ

図表8-5　対戦プレイの「動学ゲーム」の例

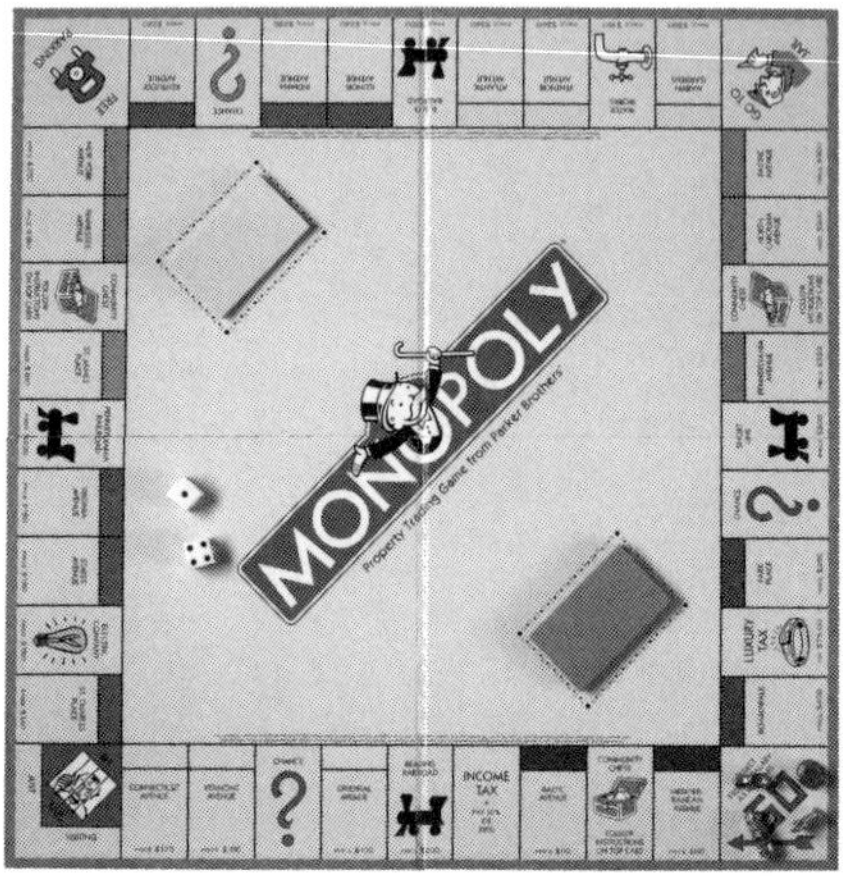

Alamy／アフロ

遊んでみてほしい。ゲーム・バランスとしては、出来れば5人くらいでプレイするのが一番楽しいだろう。ただし、あまり長時間つづけると貧富の差が激しくなり過ぎて、友達を失う羽目になる。世界大会ルールに準拠して、90分一本勝負くらいで切り上げるのがオススメだ。

あなたの命運を決めるのは、自分の振ったサイコロの目だけではない。他のプレイヤーのサイコロ運や所有物件にも、勝ち負けが左右される。したがってモノポリーは、ゲーム理論的な意味でも「戦略的」で「ゲーム的」である。

さて、それでは再び「分析者」の視点でモノポリーを眺めてみよう。「ゲーム理論的状況」では、あなたの利益（π）や価値（V）は、自分が止まったマス目・

所持金・保有物件だけでなく、ライバルたちの現在位置・所持金・保有物件といった「他人がらみの要素」の影響を受けて、総合的に決まる。

だから前節までの例とは違って「自分の現状」（使用年数、勤務状況、交際状態など）以外にも、「ライバルにまつわるいろいろな変数」を考慮した上で、πやVを算出しなければならない。

物件の購入価格やホテルの建築費は、ルールで決まっている。だから「よりよい保有財産を築き上げるための埋没費用」（κ）は、最初から明確な数字になっている。

いっぽう目に見えないのは、

「各プレイヤーが何を考えているか」

「どのような期待勝率（ひいては価値V）を盤上に思い描いているか」

である。こちらはプレイヤーたちの実際の行動パターンから推測するしかあるまい。

モノポリーのトップ選手が集まる世界大会の模様がデータとして残っていたとしよう。もし、最も高額なダークブルー色の地域（ボードウォークとパークプレイス）のマス目に止まったにも関わらず「あえて買わない」という決断をするプレイヤーが続出していたとする。となると、おそらくその地域の物件は、派手な値段の割にはあまり将来の利益を見込めない、不良物件なのだと推測できる。

モノポリーの元世界チャンピオンが書いた本によると、最も勝利につながりやすい優良物件は、オレンジ色の地域（ニューヨーク通り周辺）らしい。なぜか？ 盤面左下にある「刑務所」から出獄したプレイヤーがサイコロ2個を振った場合、出目が6・8・9だとオレンジ・ゾーンに逗留するからだ。その確率は高い。つまり「期待価値」が高い。（具体的な地名を挙げられてもピンとこない人が多いかもしれないが、「対戦型ゲームについてデータ分析する」という一例に過ぎないので、軽く流していただきたい）。

こういう発想を応用すると、現実の産業における企業間の競争と投資についても（きちんと筋の通った）実証分析が出来るようになる。次章では本題に戻って、いよいよ「ジレンマの解明」作業を完了してしまおう。

第9章 「ジレンマ」の解明——ステップ③・④ ……投資と反実仮想シミュレーション

Chapter 9

Estimating the Innovator's Dilemma
Steps 3 & 4: Investment & Simulations

前章の例を通じて「先を見て行動する」ことやその実証分析のイメージは掴んでもらえただろうか？　養った勘と感性を総動員して、それでは「ジレンマ」解明の最終段階にとりかかろう。ステップ③「投資」の分析、そしてステップ④（反実仮想シミュレーション）まで一気に進むのが本章である。

ステップ③：投資ゲームの「理論的データ分析」

6章では需要サイド（新旧製品間の共喰い度合いを含む「需要関数」）を推計した。7章では供給サ

図表9-1　ステップ③ではイノベーションの「期待価値」と「埋没費用」を推計する

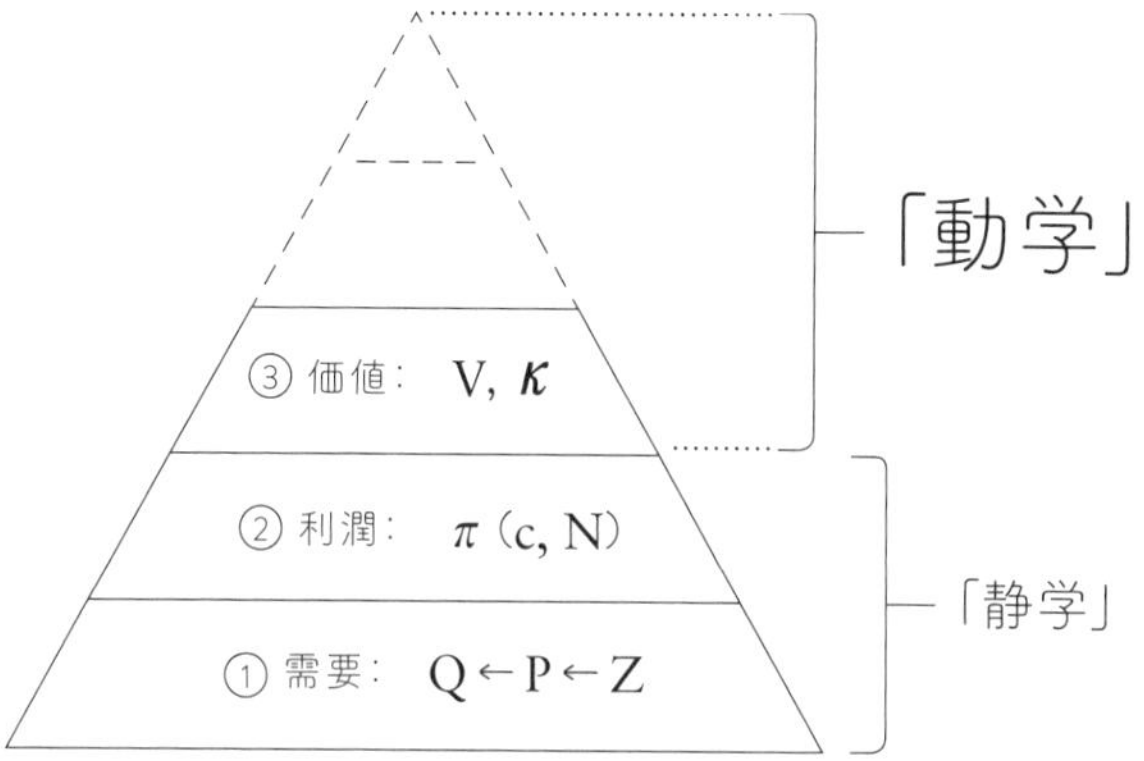

イド（抜け駆けの誘惑の源泉となる「競争と利益の関係」すなわち「利潤関数」）を推計した。

その甲斐あって、私たちは8章の図式で言うところのπ、つまり毎年毎年の利益額を既に手にしている。

しかもHDDメーカー各社がどの「状態」にあるのかに応じて、異なるπを計算済みである。具体的には、

- 既存企業（イノベーション以前）
- 既存企業（イノベーション以後）
- 新参企業

という3つのステータスだ。

「イノベーション前」の既存企業は旧製品（5・25インチHDD）だけを売っているが、「イノベーション後」は新旧両製品（3・5インチと5・25インチの

両方）を売ることができる。そして新参企業は3・5インチHDDだけを売る。

前章に出てきたπ（黒）やπ（白）と同様、各ステータスにおける利益を

- π（旧）……既存企業（イノベーション以前）の利益
- π（両）……既存企業（イノベーション以後）の利益
- π（新）……新参企業の利益

と略称することにしよう。

私たちのデータの中には各企業の毎年の「状態」と「行動」パターンが記録されている。どの会社が「旧製品オンリー」で、どの会社が「新製品導入済み」で、いつイノベーションや参入・退出に踏み切ったのか、そういった全てだ。

前章の例で言うと、人々の保有する車の年数や購買履歴、あるいは職歴や交際歴がデータ化されているのと同じである。

……ということは、以上の材料（各種のπや状態・行動のデータ）をうまく料理すれば、イノベーションの価値（V）やイノベーションのコスト（κ）をデータから逆算することが可能だ。

私たちが測定したいのは何だったか？

「共喰い」と「抜け駆け」という2つの理論を既に実証モデルに搭載した今、唯一まだ実証されずに残っているのは、4章で語った「能力格差」である。企業の「真の実力」は、特許件数

や研究開発費といった「表向きの数字」では、そのまま測れないからだ。

そこでステップ③の目標は、既存企業にとってのコストκ(既)と、新参企業にとってのコストκ(新)をそれぞれ計算して、どっちが優れているかを比べることである。

絵にすると、次ページの図表9-2のような感じだ。

前章までの例よりも図が大きく、複雑に見えるかもしれないが、単にプレイヤー数が増えただけで、1社1社の直面している図式は大差ない。

1つ1つの決断ポイント（ゲームの木の分岐点）に注目すると、せいぜい2択か3択くらいのシンプルな意思決定になっている。（厳密なゲームの木を描くには、本当は全プレイヤーを1つの木にまとめて登場させねばならないが、煩雑になるので省略にしてある。）

各年（1981〜1998年）・各ステータス（旧・両・新）・そして市場にいるライバル数（N＝1〜20くらい）に応じた利潤（π）が既に判明している。

まずは図の右端、つまりデータ最終年にあたる1998年以後について、何らかの展望を仮設しておこう。

「先のことは分からないけど、1998年時点で有利なポジションにいる会社は、1999年以降のパフォーマンスもそれなりに良いはずだ」

くらいの自然な仮定をおいておく。あとは、

図表9-2　既存企業と新参企業の「イノベーション」ゲーム

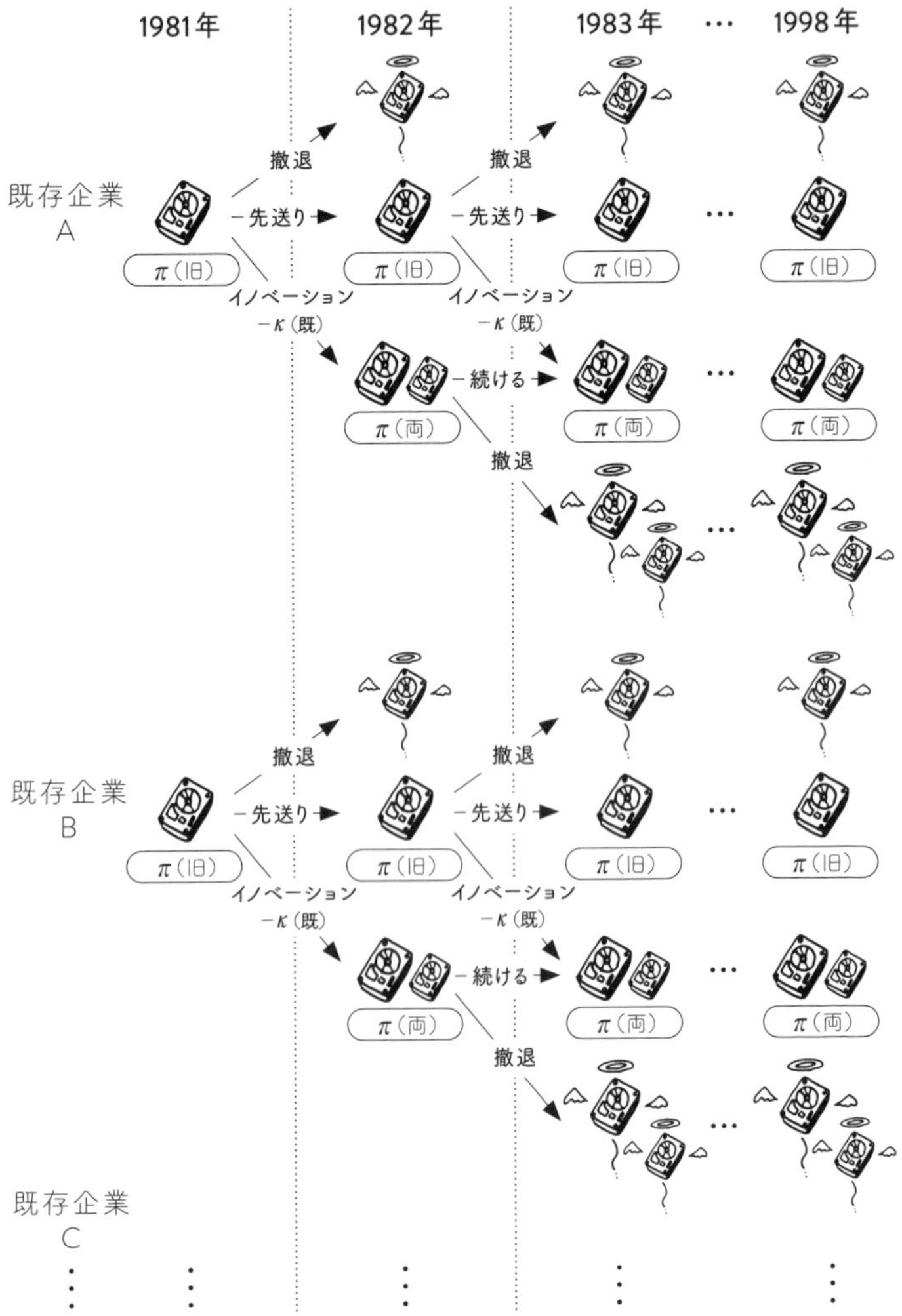

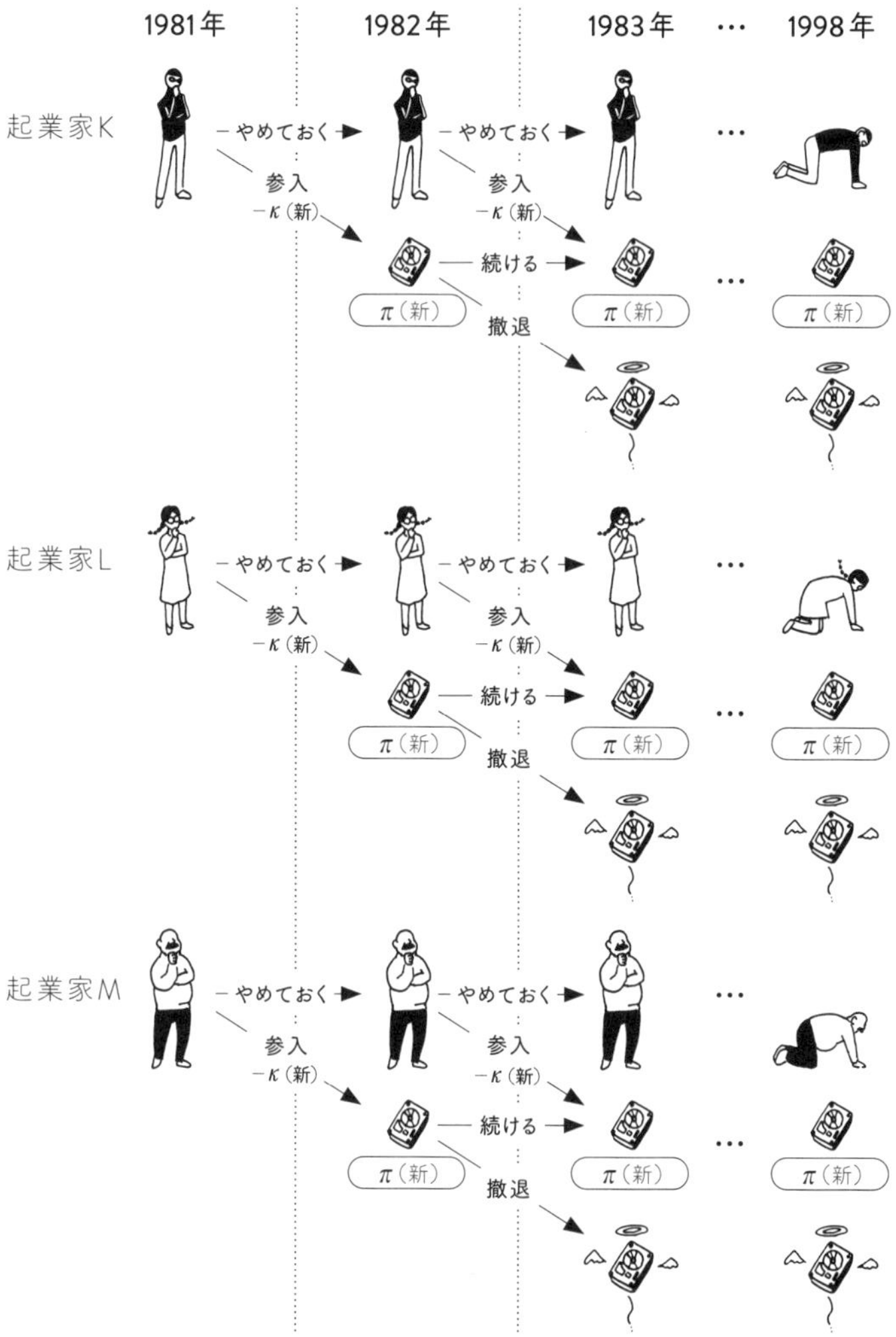
1981年
1982年
1983年
1998年
起業家K
起業家L
起業家M
－やめておく
参入
－κ（新）
続ける
撤退
π（新）

「どういう手をどの時点で打てば、全期間を通して一番たくさんのπを稼ぐことができるか」

という目標を見据えつつ、この「双六」ゲームをクリアするためのルート（利益の合計＝期待価値を最大にするような道順）を、最終年から逆にたどっていこう。

1997年、1996年、1995年……と、どんどん左側へ遡り、「一番おいしい経路」つまり「ベストの戦略」を探し出せばいい。

こういう理詰めの解法を「**後ろ向き帰納法**」という。

「先を見越して賢い選択をする」ためには、ゲームの結末（最終的なπの合計）までちゃんと先読みした上で、「こうやって、こうやって……、ああなったら、こうする」という行動計画を策定する必要がある。

「後ろ向き帰納法」とか「結末からゲームを解く」とか言うと、抽象的でひどく難しい話のように聞こえる。だが何のことはない、「あみだくじ」をゴールから逆に辿って一番おいしいスタート地点を選ぶのと同じである。

もう少し複雑な例としては、オセロや将棋では、対戦相手の出方や先々の場面展開を考えた上で、現時点での最善手を探すものだが、それと同じである。

私たちはこういうことを日常的にやっている。渋滞を避けて旅行や買い物に行くとか、電車の路線検索を使って最短ルートで移動するとかである。新車の買い替えや転職のような大きな決断でなくとも、私たちの日々は「動学」に満ちている。

さて、この「投資の動学ゲーム」をどうやって実証分析するか。

その原理は前章と同じノリだ。各年の利益πをどんどん足し合わせていったり、π(旧)とπ(両)を比べればよい。たとえば、

「もし1988年にイノベーションしたら、企業価値（V）が500億円増えていたはず」

といった計算ができる。

そうであれば、仮に1988年というチャンスの年にも関わらず

「実際には、イノベーションに踏み切った既存企業が少なかった」

ような場合、次のように推測されよう。

「……ということは、既存企業にとってコストκ(既)は巨額だったはずだ」

同様に、π(新)やV(新)を調べると、

「1983年の時点では、新製品への需要はまだ小さかった」

「イノベーションや新規参入のメリットも、(短期的には)ほとんどゼロだった」

と分かる。それにもかかわらず、

「1983年頃には、新参企業が複数出現していた」

というデータが出てきたとしよう。だとすれば、

「新規参入を狙う起業家にとって、参入（およびイノベーション）のコストκ(新)は、かなり小さく済んでいたはずだ」

と推論できる。

いずれも、「顕示選好の原則」（人の言ったことではなく、人の採った行動から、その人について判断できるはずだ）というシンプルな発想1つで次々と明らかになっていく、「目に見えない現実」の諸相である。

「能力格差」の実像

……とまあそんな感じで、既存企業にとってのイノベーション・コストκ(既)と、新参企業にとってのイノベーション・兼・参入コストκ(新)という2つの値を、データから抽出してみよう。実際に計量分析する際には、ここが一番時間のかかる工程なのだが、出てくる計算結果そのものは、たった2つの数字である。

4章でも少し説明したが、「イノベーション能力が高い」とは、言い換えるなら「イノベーションのコストが低い」ということだ。したがって既存企業と新参企業「どちらの能力が高いのか」は、「どちらのκが小さいか」を調べれば分かる。

それで結果はどうだったかというと、

κ(既) ∧ κ(新)

という数値が出てきた。「素のイノベーション能力」だけを比べた場合、既存企業は、新参企業よりも優れているようなのだ。

「イノベーターのジレンマ」という現象やキャッチフレーズからすると、既存企業はグズグズしている印象だから、これは意外な発見である。

「既存企業によるイノベーションが遅延しがちである」にも関わらず、「既存企業のイノベーション能力が高い」とは、一体どういう意味だろう？

「何かをする能力がある」ことと「実際にその何かをやる」ことは違う。

「才能がある」ことと「努力をする」ことは違うし、何かを「成し遂げる」のもまた別の話だ。

「才能と努力のどちらが大事か」とか「結果を出さねば意味がない」とか、そういう無駄話をしているのではない。そうではなくて

「世の中には、出来るけれどもやりたくないことがある」という話をしている。たとえば、「大して利益にならないのに手間ばかりかかる」ようなこと。あるいは、「新たな利益を生む一方で、従来の利益を蝕んでしまう」ような事業が、それだ。なぜイノベーションが「大して利益にならない」のか？　それは旧製品と新製品の代替性が高く、需要を共喰いしてしまうからだ。先ほどの記号を使えば、

$$\pi_{(両)} < \pi_{(旧)} + \pi_{(新)}$$

つまり、新旧の両製品を同時に販売する会社の利益は、それらを個別に売っている2社の利益の合計よりも小さくなってしまう。

なぜそうなるのか？　このあたりの背景事情としては、2章で説明した理論①「需要の代替性（共喰い）」がカギになっている。「共喰いの度合い」をデータから実測したのが、6章の研究ステップ①「需要の回帰分析」であった。推計結果は、既存企業が相当ひどい共喰い問題に直面していることを示していた。

……ということは逆に言うと、「イノベーションからは大して利益が見込めない」にも関わらず、（その割には）既存企業も「それなりにイノベーションを敢行していた」ことになる。大し

てやりたくもないはずのことを、そこそこ実行していたようだ。

前章の例で言うと、

「新車が好きでもない（利益πは小さい）のに毎年新車を買って（コストκを払って）いる」

ようなものである。

「利益が小さいはずの行動」がデータ上観察されている。となると可能性は1つ。

「新車がとても安い（コストκが小さい）」

としか考えられまい。

別の言い方をすれば「やりたくもないことを、いやいやながらも出来てしまう」のだから、それは「才能」以外の何物でもない。

「イノベーション能力」という一見前向きなものを計測していたはずなのに、何だかネガティブな雰囲気になってしまった。ステップ③で私たちが発見したのは、結局こういうことだ。

「既存企業が鈍重なのは、能力不足のせいじゃない。意欲や、努力が、欠如している」

ステップ④：サイエンスとしての、フィクション

6～8章と本章にまたがる実証ステップ①・②・③を踏むことによって、需要・供給・投資の3パーツからなる「私たちの世界観」には「データ分析の肉付け」がなされ、「推計済みの実証

図表9-3　ステップ④では、シミュレーションを使って「ジレンマ」を解明する

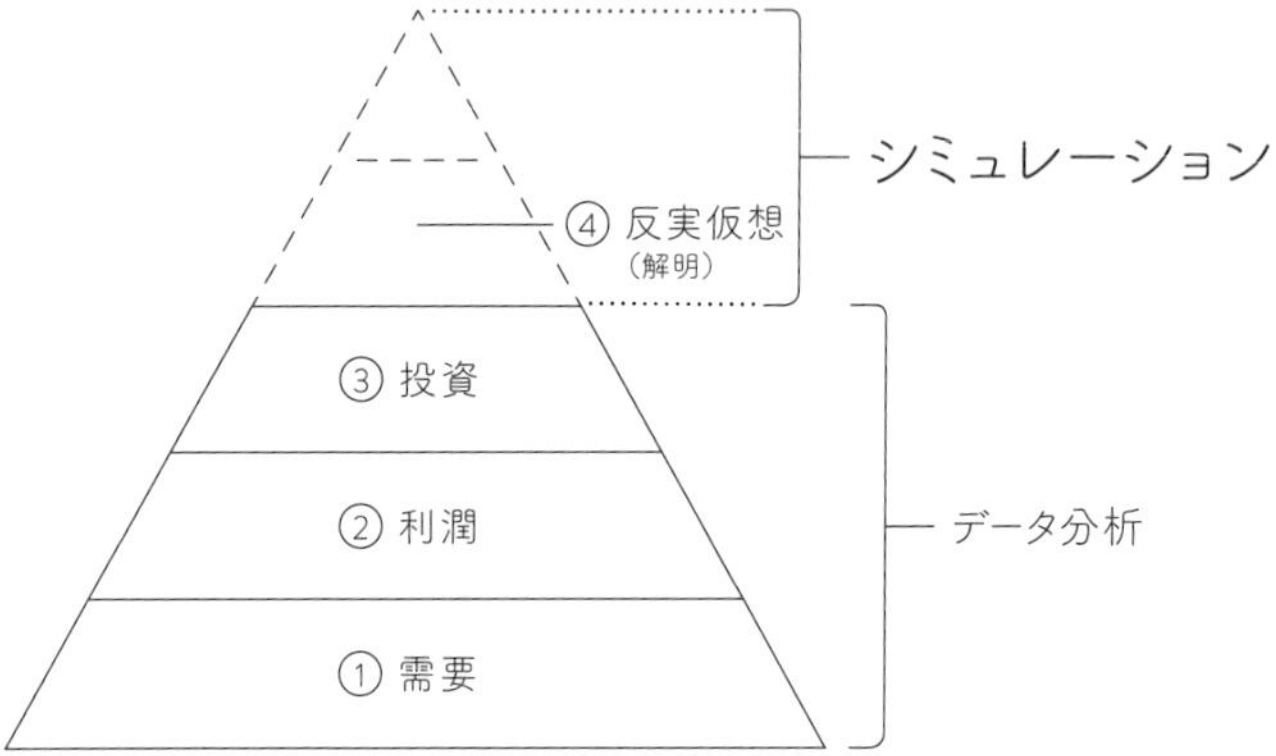

モデル」として完成した。そこには3つの理論的要素（共喰い・抜け駆け・能力格差）もしっかりと編み込まれている。

世の中に起こる現象の表面をなぞるのではなく、需要・供給・投資といった本質的な（構造的な）要素にまで遡ること。その世界像を指して「構造モデル」と呼ぶ。データと突き合わせる推計作業を終えた構造モデルは、現実世界のミニチュアだ。

本章で完成したそれは、「イノベーターのジレンマ」現象にかかわる諸側面を現実世界から抽出した「箱庭」である。

1章で挙げたパラシュートや5章の宇宙ステーション脱出カプセルに即して言うと、重力加速度や流体の運動パターンが「本質的な要素」にあたるわけだが、それらを記述するのに必要な物理法則とそのパラメータ（万有引力定数とか）を測定したわけだ。この「箱庭」を使えば、コンピュータ上

でシミュレーションを行うことができる。「パラシュートの落下速度」や「脱出カプセルが海面に着水したときの衝撃」なんかを、計算する準備ができたのだ。

「もしも共喰いがなかったら？」とか

「もしも抜け駆けの誘惑がなかったら？」

といった（現実の歴史とは異なる）架空の業界史をシミュレーション出来る。

それらの**「反実仮想」**シナリオにおいて、既存企業は、新参企業は、どんな振る舞いを見せてくれるだろうか？

荒唐無稽な空想を、単なる気まぐれや思いつきで描くのはた易い。だが、つまらない。そうではなくて、あくまで論理的に首尾一貫したやり方で、つまり「科学的」に「空想」すること。それが理論に根差した実証分析の醍醐味だ。現実に存在しない物を構想し、精緻に描き出す。

この手の研究に大事なのは、反実仮想シミュレーションと、それに先立つ現実のモデル化やデータ分析の精度と深み。そして答えるべき「問い」の面白さと重要さだ。私は個人的に「空想科学」（SF：サイエンス・フィクション）と呼んでいる。科学をつきつめると空想に行きつく、あるいは「空想を科学的に行う方法がある」というのは、少し不思議な話である。

反実仮想シミュレーション第1弾：もしも「共喰い」がなかったら？

それでは反実仮想シミュレーションの第1弾として「共喰いのない世界」を構想してみよう。まず何をもって「共喰いのない世界」とするか。いろいろな発想があり得るが、ここでは「新製品部門と旧製品部門を、完全に分社化してしまう」という設定を試してみよう。

どういうことか？

既存企業が「共喰い」（という社内的な利害対立）に悩まなくて済むようにしたい。そこで、同一社内に新旧部門を同居させるのではなく、これらを最初から「別々の会社」として経営させようという発想だ。

- 旧技術を使って旧製品を製造販売する「旧事業部」を、単体で独立採算とする。
- 新技術の開発と新製品の投入に励む「新事業部」もまた、単体で経営される「社内ベンチャー企業」のような扱いとする（ただし当面は赤字でも倒産しないような資金援助があるとする。）

分社化することで、旧事業部と新事業部は「共喰い」を気にすることなく、あくまで自部門の利益だけを追求する。そのように「ゲームの設定」を改変したわけだ。お互いに社内的な風当たりを気にせず、共喰いし放題になったとも言える。だから厳密に言うと「共喰いのない世界」と言うよりは、「公衆の面前でおおっぴらに共喰い」とか、「万人の万人に対する闘争」のような世界である。

「共喰いのない世界」の設定としては、他にも「新旧製品間の代替性そのものを改変して（なくして）しまう」という発想もあり得る。しかし本件の場合、それだとやや恣意的な設定を追加せざるを得ない（新製品と旧製品への需要を、それぞれどの位の規模と想定するかによって、シミュレーション結果がいかようにも変えられてしまう）。そういうシミュレーションは本末転倒なので筋が悪い。

それに比べて、共喰いによる「同一社内の利害対立」を消滅させるために、2部門を別々の会社にしてしまうという新設定は、荒っぽいが明確ではある。

この新設定の世界においては、既存企業の新事業部が（社内の利害対立を気にすることなく）アグレッシブに新製品を投入するようになる。

図表9-4の最初のグラフは、「現実のデータ」に即した業界史。

2番目のグラフが「共喰いのない反実仮想ワールド」である。

2つのグラフを見比べると、大分違った展開になっているのが分かるだろう。

- 現実世界の設定（分社化せず）では、既存企業のイノベーション（「新旧両製品を販売する」企業数の伸び方）には、新参企業の参入ほどの勢いはない。
- 共喰いのない世界（分社化して競争）では、「既存企業の新事業部」が、かなり積極的に新製品

図表9-4　基本モデルと、2つの反実仮想シミュレーション

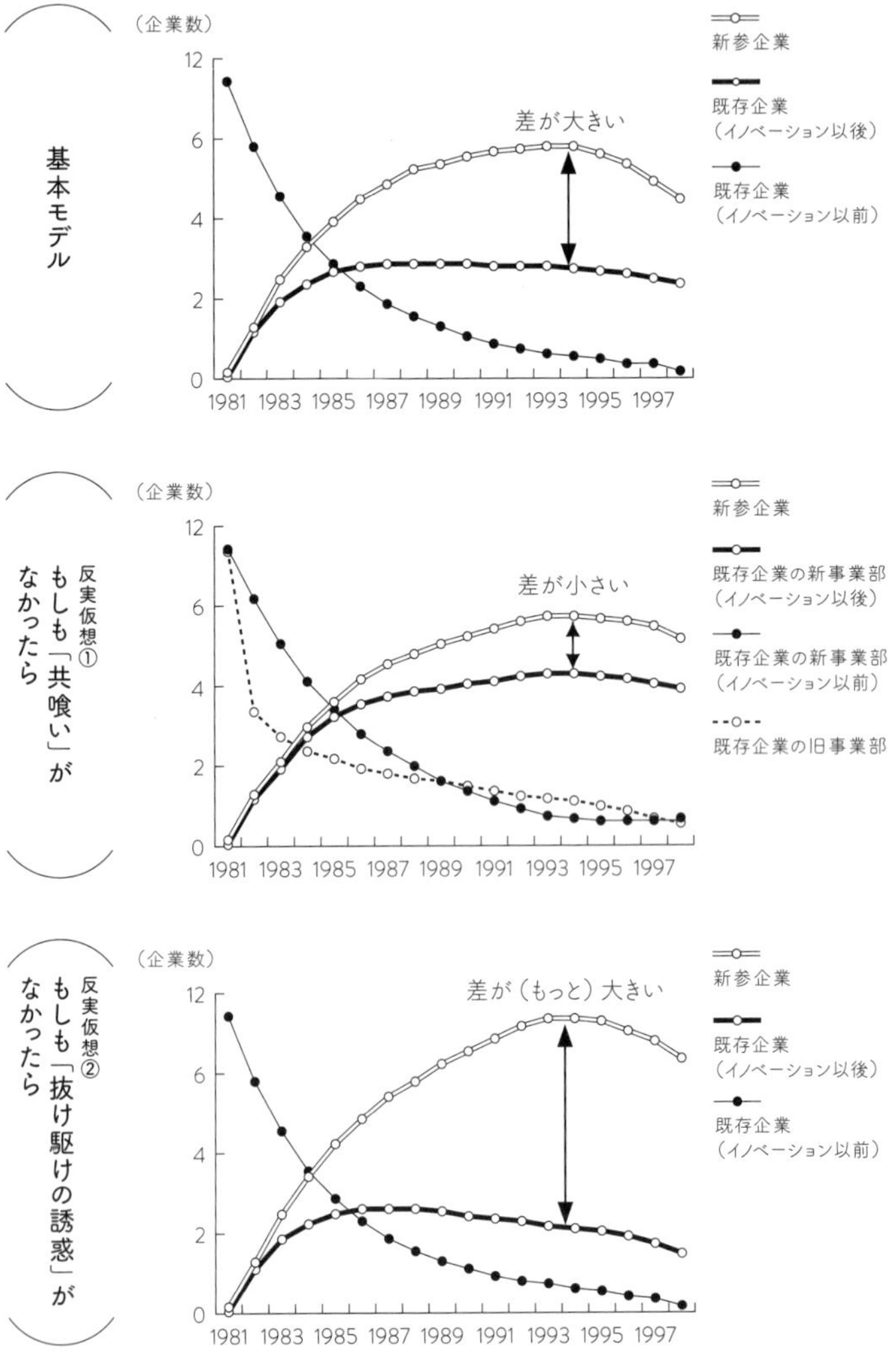

を販売している。新参企業のペースにまでは追いつかないが、1番目のグラフほどの大差は開かず、イノベーションの遅れが半分くらいに縮んでいる。

新参企業は、一刻も早く利益を上げないと立ち行かない。起業家は、早く商売を始めないことには、いつまで経っても「(自称)起業家」のままだ。ベンチャー投資は慈善事業ではない。投資ファンドがいつまでも開発資金を提供してくれる訳ではない。

「共喰いのない世界」においても「既存企業の遅れ」が完全には消滅しないのは何故だろうか？

それに比べて既存企業の新事業部には、時間の余裕がある。社内ベンチャーには「本社」という資金源があるので、

「新製品の市場投入タイミングを見極めて、場合によっては数年待ってから参入する」

といった裁量の余地が残されている。

「単なる先送り」という格好悪いことを、あえて格好良く言い換えると「決断を先送りすることのオプション価値」があるとも言える。ただし「先送りが許されている」という自由は、1つ間違うと惰性に陥るという意味で、諸刃の剣である。

反実仮想シミュレーション第2弾：もしも「抜け駆け」がなかったら？

既存企業は、共喰い問題に後ろ髪を引っ張られているだけではない。3章で紹介した理論②「抜け駆け戦略」を思い出してほしい。新参企業が登場する前に新技術を導入してしまった方が、競争の激化やそれに伴う利益の減少を未然に防ぐことができる。だから、既存企業には「先制攻撃の誘惑に前髪をつかまれ、抜け駆けするべく駆り立てられている」という別の面もあるはずだ。

この「前向きの力」の大きさは、競争と利益の関係、つまり「市場構造（ここではライバル企業の数とイノベーション状態）によって自分の利潤がどのように変化するか」に左右される。7章で数値化した通り、利潤関数の形次第である。

それではもし「抜け駆けの誘惑」がなかったら、既存企業のイノベーションはどのくらい遅くなってしまうのだろうか？　図表9-4の3番目のグラフは、「抜け駆けの誘惑」を皆無にした、もう1つのパラレル・ワールドの模擬実験である。

どのようにして「抜け駆け」スイッチをオフにするのか？

これまたやり方はいろいろ考えられるが、ここでは「経営者の脳味噌の一部を切り取る」ロボトミー手術を施すとしよう。

現実の脳は複雑なので、そうそう都合よく「狙った機能だけを潰す」ような手術は出来ないらしい。だがここは妄想の世界なので、脳神経科学とか解剖学的な厳密さは無視する。私の書いたコンピュータ・プログラムをちょこっと改変するだけである。

経営者たちの脳に「無力感」を植え付けてみよう。

「自分がイノベーションをやろうがやるまいが、新参企業の参入は止まらない」

という暗い未来予想図を、既存企業の経営者１人１人に植え付けておくのだ。

同時に、新参企業の起業家たちにも、

「自分が参入しようがしまいが、既存企業のイノベーション意欲を挫くことは出来ない」

と信じ込ませる。

実際のＨＤＤ業界は戦略的かつダイナミックだから、各社の行動は相互に干渉している。だがこの反実仮想シミュレーションでは、市況の先読みをしようとする経営者たちに、あえて「目隠し」をしてしまうのである。

このような「無力感」に侵された既存企業の人々は、ただでさえ共喰いによる「社内対立」で歩みが遅くなっているのに、ライバル各社とのレースという（良い意味での）「外圧」からのモチベーションも奪われてしまう。

結果として、彼らの投資スピードは極端に遅くなるだろう。実際、図表９‐４の３番目のグラフでは、既存企業が新参企業に非常に大きな差をつけられてしまっている。

反実仮想シミュレーション第3弾：もしも「能力格差」がなかったら？

さて「共喰いのない世界」「抜け駆けのない世界」ときたら、次は「能力格差のない世界」もシミュレートしたくなる。それは可能だ。しかし面白味がないので割愛する。

本章の前半で判明したように、既存企業のイノベーション能力は実は高い。にもかかわらず、実際の投資ペースは新参企業よりも遅い。

だから「もしも既存企業の能力が（新参企業と同程度くらいに）低かったら？」というシミュレーションの結果は、わざわざ計算してみるまでもない。惨憺たるあり様になるのが明白だ。（もしどうしても結果を知りたかったら、本書の元となっている論文で図解しているので、そちらを参照してほしい。）

「ジレンマの解明」、とりあえずの結論

ここで6〜9章（ステップ①〜④）から分かったことを整理しよう。

- 3つの理論。
- それらを織り込んだ実証分析の3つのステップ。
- そして反実仮想シミュレーション。

ピラミッドを第4層まで登るうちに判明したのは、結局こういうことだ。

「既存企業は、抜け駆けの誘惑に強く駆り立てられている」

「イノベーション能力も、実はかなり高い」

「にもかかわらず腰抜けなのは、主に共喰いのせいである」

……ではどうしたらいいのか？

残る10・11章では、既存企業が生き延びるための方策や、社会（世界）全体にとって望ましい方策について考えることにしよう。

マニア向けの補足（無視して10章に進んでもよい）

前章と本章で活用した「動学モデルの実証分析」の枠組みは、専門的には「動学的な離散選択」（dynamic discrete choice）モデルとして知られる。以前イェール大学にも勤務していたジョン・ラスト（John Rust）氏が80年代に書いた代表作「GE社製バスエンジンの最適な取り換え：ハロルド・ザーカー氏に関する実証モデル」（1987年、エコノメトリカ誌掲載）という論文で特に有名だ。

ラスト氏がウィスコンシン大学マディソン校に勤務していた頃に、同じウィスコンシン州マディソン市の市営バス管理者であったハロルド・ザーカー氏のメンテナンス日誌を見せてもらった、というのがデータの出所である。このザーカー氏のエンジン取り換え作業を「先を見越した投資行動」と看破したうえで、かつてない動学的ミクロ実証研究に練り上げてしまったのが同論文だ。

ラスト氏本人は

「俺はただ、ベルマンとマクファデンの先行研究をくっつけただけだよ」

と事も無げに語るが、過去30年間これ以上の研究は存在しない。

ちなみに数学者リチャード・ベルマン氏は1950年代に「動的計画法」（dynamic programming）を打ち立てた。最短乗り換えルートの検索などの形で、今も身近な基礎技術だ。いっぽう計量経済学者ダニエル・マクファデン氏は、1970年に「離散選択」（discrete choice）問題を経済学的に煮詰めてノーベル賞を獲った。6章で使った「差別化財の需要分析」はその応用であった。

本章の分析はラスト氏の手法を「ゲーム」に拡張している。私のモデルの特徴としては「非定常・有限期間・不確定・不完備情報で逐次手番の動学ゲーム」ということになるので、喩えるならチェスとか将棋の10～20人プレイヤー版を、サイコロを振りながら指し進めていくような感じである。だから前章で挙げた「モノポリー」のイメージに近い。

ところで、「イノベーションの埋没費用（κ）を推計する際に、「ここが一番時間がかかる」と述べた。推計自体は最尤法《さいゆうほう》というスタンダードな統計手法なのだが、尤度《ゆうど》関数の評価値を算出する度に、「動学ゲームの均衡」（完全ベイズ均衡または逐次均衡）を「後ろ向き帰納法」で探り当てる必要があったからだ。正しいパラメーター値、つまり具体的なκ（既）とκ（新）の推計値に辿り着くまでには、相当回数の計算になる。

計算量が多いのは、ラスト流の「入れ子式不動点」（nested fixed-point）アルゴリズムの特徴だが、私の扱うようなゲームでは、特にその負担が大きい。そこでループ計算処理が速いCやC＋＋というプログラミング言語に移植したり、「並列計算」化（2章のGPUの話で出てきた）を行った。

こういう計算・プログラミングの詳細は、経済学的には必ずしも本質的ではない。しかし実際に計算が出来ないと、話が始まらない。特別優れたプログラマーにならなくてもいいが、そういう技術を抵抗なく使えるようになっておこう。そうすれば、

「どのプログラマーに、仕事を依頼すればいいのか」
「何を、どういう風に、依頼すればいいのか」
「そのプログラマーの成果を、どう評価したらいいのか」

といった事柄が、自分なりに分かってくるはずだ。

第10章 ジレンマの「解決」（上）

Chapter 10 "Solving" the Dilemma (I)

前章までのあらすじ

既存企業によるイノベーションが新参企業よりも遅れがちであるという「イノベーターのジレンマ」。20年前の経営学が有名にしたこの現象は、定性的なケーススタディに基づく一種の経験則である。クリステンセン氏にならってハードディスク業界のデータを入手した私がそのメカニズムを経済学的に解明すると、次のような実態が浮かび上がってきた。

- 第1に、需要サイドの分析（6章）からは、新旧製品間の代替性はそこそこ大きく、両者は競合関係にあるため、顧客を共喰いしてしまうことが判明した。こういう場合、せっかく新技術・新製品を導入しても旧製品の売上減少を招くので、既存企業としてはあまりイノベーションに積極的になれない。社内的にも、新旧部門間で資金と人材の奪い合いが激しくなるだろう。

- 第2に、供給サイドの分析（7章）からは、「ライバル企業数が増えると1社当たりの利益は減る」という当たり前の理屈が、しっかり数値化された。販売台数が減るだけでなく、競争激化によって利幅も小さくなってしまうので、利益の下がり方は深刻である。既存企業としては、他社が新市場を牛耳る前に（そして新参企業が参入してくる前に）先手を打つのが上策だ。抜け駆け戦略の価値は大きい。
- 第3に、投資の動学ゲーム分析（8・9章）からは、こと研究開発能力に関する限り、既存企業の方が新参企業よりも優れていることが分かった。ここで言う「イノベーション能力」は、既存企業が積み重ねてきた「技術資本や組織資本といった強み」や、新参企業の特徴とされる「意思決定のスピードと柔軟さ」など、各社のあらゆる長所と短所を合算した数字である。

「みんないろいろ言ってるけど、実際のところどうなの？」という最終決算だ。

「驕れる者久しからず」などと言うと、あたかも無能であるがゆえに時代に取り残されたかに聞こえるが、よくよく調べてみると既存企業に欠けていたのは「能力」ではなく「意欲」の方だったらしい。宝の持ち腐れである。

君の「問い」は何だ？

問題を「解決」するためには、まず問題そのものを定義する必要がある。

UCLAの博士課程における私の指導教授筆頭、エド・リーマー氏。彼は競争やイノベーションの専門家ではなかったが、2つの質問を投げかけることによって、見事に研究を「指導」した。

リーマー師の1つ目の質問は、

「君の『問い』は何だ？」（What's your question?）

研究プロジェクトを貫く関心事は何なのか、という意味だが
「それを（研究結果によって「解答」するべき「問い」として）煮つめ、簡潔な疑問文として表現せよ」

と暗に要求しているところがミソだ。

一見、何の変哲もない質問のようだが、世の多くの研究はこの項目をクリアしていない。

「○○理論モデルを××に拡張してみました」

「○○計量手法を××に応用してみました」

「○○業界における××戦略について調べました」

で終わっている。私自身、今でもよくやってしまう誤ちだ。

こういう生煮え企画に対するリーマー師の反応はただ一言、

「それは『問い』ではない」(That's *not* a question.)

叩き潰して再考を促すのであった。

もちろんジャンルによっては純粋に「より汎用性の高い理論」や「これまでより便利な計量手法」の開発がそのまま優れた研究になる。

しかし実証・応用において、「問いのない研究」は「オチのないお笑い」のようだ。

「モデルの拡張」「手法の応用」「業界の調査」。いずれも結構だが、

- なぜその作業をするのか?
- それが出来たら何が嬉しいのか?

そういう「動機」に裏打ちされていないと虚しい。

彼の問いかけは執拗に繰り返される。途中でギブアップしてしまう学生もいるほどだ。私の兄弟子にあたるイェール大学経営大学院のピーター・ショット（Peter Schott）氏のウェブサイトには今でも“Talk to Ed”（エドと話そう）という名物コーナーがあり、エドによる「対話型」論文指導が追体験できる。

突然「論文指導」の話が出てきたのは奇妙に思われるかもしれない。しかし大学時代の同級生（新参企業の創業者）にこの話をしたところ、
「投資も起業も経営も、結局その『問い』に尽きる」
と言う。

挙句は、本書のタイトルも「君の問いは何かね？」にすべきだ、と主張し始めた。まあ、そういうタイトルの「経営者向け自己啓発書」はいずれ彼自身に書いてもらうとして、つまり一見、経済学のマニアックな話ばかりしているようだが、研究というものの底流にある教訓とか姿勢には、案外いろいろな使い途があるということだ。

以上の注意点を踏まえて、本書のここまでの「問い」を再検討すると、

- なぜ既存企業のイノベーションは、新参企業よりも遅いのか？

- そのメカニズムを支配する3つの理論的「力」は、各々どれくらい大きいのか？

というものであった。

「現象の原因究明」と「抽象概念の実測」を目的とするタイプの「問い」である。

「それがどうした？」

そこに浴びせられるリーマー師第2の質問はこうだ。

「それがどうした？」（Who cares?）

この一言だけ取り上げると喧嘩を売っているだけに聞こえるが、噛み砕くとこういう意味だ。

「世の中の誰がその『問い』に関心を払うべきか？」（Who *should* care about your question?）

経済学の場合、一企業、一労働者、一消費者のみならず、社会・経済・世界「全体」にとっての物事の良し悪しが、最終的な関心事である。

事が社会全体やその基盤となるルールなので、ここでは「政府の政策」が存在感を増してくる。だからここで言う

「世の中の誰が？」

とは、具体的には「どの政策分野にとって」大事なクエスチョンなのか、という意味だ。たとえば、景気や物価や経済成長というマクロ経済学の古典的トピックは、「財政政策」や「金融政策」というカテゴリに属する。よって景気・物価・成長にまつわるクエスチョンには、「政府」「中央銀行」の施策を通してどのように「世界人類の幸福最大化」に資することが出来るか、という含みがある。

まあ実際には政治家も官僚も「有権者」も、みんなバラバラの私利私欲で動いているから、学者の言うことに「はい、そうですか」と耳を傾けてくれるわけではない（そういうメカニズムは、政治経済学というジャンルの研究対象である）。しかし人類の中の、、、誰か、、が真面目に考えておいた方がいい、というのも恐らく真実である。とりあえず、

「（本来は）どの政策分野の関係者が関心を持つ（べき）クエスチョンなのか？」

とカッコ内の言葉を補うことで現実と折り合いをつけて、先に進もう。

それでは本書の「問い」には誰が関心を持つ（べき）だろうか？

全人類が関心を持つ（べき）であろう。

「競争とイノベーション」は、

- 当事者企業と業界関係者、および株主

だけでなく

- ユーザーとなる他業界や、消費者

にも影響する。また

- 知的財産権に関するルール
- 産業政策・貿易政策
- 競争政策・独占禁止法

といった政策分野を（本来）どのようにデザイン・運用する（べき）かという問題に、直接関わってくる。そして「技術の盛衰」が「産業の盛衰」に繋がる以上、「失業」や「人材不足」のような労働市場の諸問題は、最終的には「創造的破壊の歴史的プロセス」を震源地としている。

さらには教育と研究という「投資」（知識・技術・その利用法などへの「投資」）への予算配分も、中心的課題となる。

これらは思いつくまま五月雨式に関連政策分野を挙げてみたに過ぎないが、もう少し大所高所に視点を上昇させると、

- 私たち（の政府）全体の収入・支出という観点から見て、各種政策は有意義と言えるのか？
- 私たちの長期的な生活水準（の決定要因である技術革新）をいかに向上・促進できるか？

といった、「政府の存在意義の根幹に関わる問題」とも無縁ではない。

別にムリヤリ大風呂敷を広げたわけではない。自分の専門分野をアピールするために書いているのでもない。そうではなくて、むしろこのくらい重要な「問い」だからこそ、私はわざわざ足掛け10年も「競争と技術革新」を研究しているのだ。

前掲の全項目について語り出したら本を何冊書いても足りないし、切れ味も鈍るだろう。そこで次章では「技術革新を促すための知的財産権ルール」に話を絞って、政策の効果をシミュレーションする。

とは言え、前章までは「既存企業」とか「ブラック企業」とか「白い恋人」とか、そういう身近な話題を気楽に語ってきたのに、ここでいきなり日本国政府や世界人類の話に飛んだので

は、ピンとこないだろう。

そこでまずは企業経営レベルの視点に戻って、「ではどうしたらいいのか」を考えていこう。

「しがらみ」を語るメタファー

技術が世代交代するにつれ産業も新陳代謝する、という創造的破壊のプロセス。それは端から眺めていると、いかにも劇的で興味深い。しかし当事者にとっては死活問題で、面白いどころの騒ぎではない。ここで言う当事者とは、企業とその経営者、従業員、そして株主のことだ。新参企業は、新規参入・新技術導入を「やるか、やらないか？」などと呑気なことを言ってはいられない。やるしかないのだ。置かれた状況は厳しいものだし、勝ち目は薄いかもしれない。だが他に選択肢はない。そういう意味において問題設定は単純である。

いっぽう既存企業にとって、問題はもう少し複雑である。主力事業があり、ベテラン社員がおり、大口顧客がいる。なまじ過去からの蓄えがあるから「今すぐ何かをしないと死ぬ」という切迫感はないし、いざ新事業に本腰を入れようとしても、色々としがらみがある。

「しがらみ」の代表が、新旧製品間の「共喰い」である。

本書の数理的分析は一見ドライだから、

「味気ないし、嘘くさいな」

「合理的な消費者とか経営者なんて、現実にいるわけないのに」

と文句の1つも言いたくなるだろう。だがそれは表面的なとらえ方だ。

世の物事や人の感じることを言葉で言い尽くすのは土台無理な話だが、それにも関わらず人は言葉やその他諸々の手段を使って、何かを表現し伝えようとする。

方程式とギリシャ文字だけで経済活動（やそれを含む有象無象）を表現し切ることは難しい。難しいというか、そもそも現実世界の「枝葉」を削ぎ落として単純化するためにモデルという箱庭を作ったわけだから、数式自体には「現実」がほとんど登場しない。

それにも関わらず、数式の行間を読み、背後の事物に想像力を働かせることは可能である。

たとえばモデル上の「共喰い」は、「差別化財間での需要の代替性」以外の何物でもない。そこには社内の個別事情など明示されていないし、「人間ドラマ」も「私の履歴書」もない。産業全体レベルでの長期の盛衰を描こうとすれば、そうした細部を織り込むにはデータが不完備だし、論理的に交通整理できなくなってしまう。それではモデル化した意味がない。

しかし「需要の代替性」を震源地としていろいろな軋轢が生じる様子を、思い巡らすことはできる。部門間の競争や社内政治、個人的・文化的な衝突などである。それは結局、想像力の問題だ。

そういう意味では、前章までに登場した専門用語は、ウェットな現実をあえてサバサバと理解し処理するための「メタファー」（ものの喩え）なのだ。

では何が「根幹」で何が「枝葉」なのか？

何にフォーカスし何を捨象するか、という選択は、分析の目的に応じて決めるべきことだ。

そこから何を学びたいのか？

産業や企業のどのレベル、どの側面について、どのくらいの「解像度」で分析したいのか？

「問い」に応じて、構図や手法を選ぶわけだ。

だからこそ「問い」の設定が、決定的に重要なのである。

ではどうすればいいのか

もしあなたにとって既存企業のサバイバルが最優先事項ならば、「しがらみ」がどうのと言っている場合ではない。新参企業と同じように考え、行動するしかない。

前章の反実仮想シミュレーション「もしも共喰いがなかったら」が示す通り、既存事業のしがらみを無視することが出来れば、新技術の実装と商業化を新参企業に近いペースで進めることは十分可能だ。

創造的破壊の荒波を生き延びるためには、創造的「自己」破壊が必要である。

それが正論というものであり、正直それ以上に言えることは少ない。

しかしこの世の全ての事柄と同様、当たり前のことを当たり前にやるのが一番難しい。

だから正論の「何がどう難しいのか？」についても明らかにしておこう。

着眼点を5つ用意した。

①いかに新部門を育てるか
②新部門を買ってくるのはどうか
③それはそうと、旧部門を社員ごと切ることなどあなたには出来るのか
④生き延びるためには、いったん死ぬ必要がある
⑤経営者にとっての「最適」と株主にとっての「最適」は違う

難問①　冴えない新事業の育て方

新部門を分社化し、旧部門との共喰いをも辞さない、というやり方について。

有力顧客と主力製品を擁する旧部門は社内的な主流派であり、その権益を害するとなれば容赦なく新部門を締め上げるだろう。こうした「既得権益」の支配は、すべてが手遅れになるまで続く。

対抗するのは至難の業だ。社長からして主力部門の出身であることが多いだろう。そうでなくとも、各部署の現実認識も仕事の進め方も、自ずとこれまでの主力製品を中心に回っている

はずだ。仮に本書を読んで危機感を抱いたサラリーマン社長や若手社員がどれだけ息巻いたとしても、それだけでは空回りに終わる公算が大きい。下手をすれば、「破壊的イノベーション」が最初に破壊するのは、当人たちのキャリアかもしれない。

そこでクリステンセン氏が提案したのが、新事業部を本社から独立させ、どこか遠く離れたところで社長直属のプロジェクトとしてカネと人材と権限を与えるというアイディアだった。前章の「もしも共喰いがなかったら？」という反実仮想シミュレーションも、まさにこれである。

だが実際には「絵に描いた餅」に終わることが多い。いかに社長直属のプロジェクトとはいえ、社長自身が社内政治から自由になれるわけではない。また本社から離れた新設事業部に自ら進んで配置転換されたい人員がどれだけ集まるだろうか？　主力事業のスター社員が、いつ消滅するかも分からないような弱小部門にわざわざ転籍するだろうか？　主力事業の幹部たちは、優秀な部下をみすみす手離すものだろうか？

となると、社内ベンチャー的な制度がよほど深く根付いた会社でもなければ、「意欲」と「能力」を兼ね備えた人材の投入は、無理な施策かもしれない。

それでは人員を新規採用してみてはどうだろうか？

運良く即戦力がすぐに集まればいいが、しかし一体どこからそんな人材を集めればいいのか。ライバル企業から？　失敗したスタートアップ企業の元社員？

もちろん社長が本気を出して、しかもその熱意がちゃんと持続するのであれば、不可能ではなかろう。ただし、これはもはや「起業家が、新参企業を一から立ち上げる」のと同じレベルの難題である。

難問②「育たないものは、買ってくれればいいじゃない？」

……というわけで、新事業の育成を本気でやろうとしたら、起業家と同じくらいの努力と才能が必要である。人には向き不向きがあるので、「大企業の調整型リーダー」が同時に「業界の革命児」になれるかどうかは、未知数だろう。

いっそのこと、有望そうな技術（を持った新興企業）を、経営陣とエンジニア・チームごと買ってきた方が早いのではなかろうか？

実際、企業買収をイノベーション活動の主軸に据えて成功している会社もある。1980年代にスタンフォード大学の学内ネットワーク担当エンジニアだった夫婦（当時）が創業した米シスコ社は、ネットワーク機器メーカー。1993年のクレッシェンド社買収を皮切りに、毎年大量のM&Aを実施してきた。

1990年代から2000年代における急成長の立役者となった、ジョン・チェンバースCEOらの発想と手口は次の通り。

- 6か月以内に自社内で開発できない製品は、他社を買収することで手に入れるべし。最終目的は、顧客にとって「シスコ1社との取引だけで必要なネットワーク機器がすべて調達できる」ワンストップ・ショップの品揃えである。
- 大企業同士の「対等合併」は内部抗争になり失敗するので、買収ターゲットはまだ小さい新興企業に限る。新製品のプロトタイプが出来るか出来ないかくらいの、初期段階の技術をもつ会社が良い。経営陣とエンジニア・チーム丸ごと、シスコ社内に「移籍」してもらう。あとは、やりたいようにやってもらう。大型デパート内に新規専門店を出店してもらうイメージだ。
- シスコ側は開発費の拠出だけでなく、製品化後の大量生産と販売網を担う。このあたりの相互補完的な関係は、大手製薬会社が創薬ベンチャーを買収するのと似ている。
- 両組織の「カルチャー」が似ていないと合併は上手くいかない。相性を見極めるために、まずは小規模な提携関係・共同プロジェクトという形でターゲット企業との接触を深めていく。
- ターゲット企業の社員にシスコ社内にスムーズに溶け込んでもらえるよう、「M&Aの事後処理」に特化した部局があり、新たにシスコに加わった「チーム」の世話に責任をもつ。
- 買収して陣営に加わってもらった人材の処遇は、特にクビにする場合などは、必ずターゲット企業の（元）ボスと相談して決めること。

M&Aというと、英米流の企業経営では、花形手法として確立しているかのようなイメージがあるが、実際にはアメリカでも失敗の方が多い。ここまでシステマティックにターゲットを選び、接触し、きちんとアフターケア部隊まで設置している会社（そして、まがりなりにもM&Aの成功実績を重ねている会社）は、シスコ以外ではあまり聞いたことがない。

「育たないものは買ってくればいい」とはまるで「パンがなければケーキを食べればいいじゃない？」という例の有名な台詞のようで、ともすれば投げやりにも聞こえる。

しかし、そういう施策の検討を通じて「会社」というもののあり方について学べることもあるはずだ。シスコ関連本は何冊も書かれているが、気になる人は、私がチェックした5冊の中で一番良質だった *The Eye of The Storm: How John Chambers Steered Cisco Through the Technology Collapse*（Robert Slater著・2003年）を読んでみるといいだろう。

難問③　あなたは本当に旧部門を切れるのか？

ここまでの論点は「自社開発」と「他社買収」の差こそあれ、いずれもイノベーションを「手作り」するか「買ってくる」という前向きな話題だった。どちらも生半可なことでは成功できなそうだが、新しい何かを試みるのはワクワクするものだ。

しかし既存企業にとって本当に難しいのは、旧部門を殺すことの方かもしれない。仮に新事業が軌道に乗って、次代の稼ぎ頭に成長したとしよう。新旧技術の世代交代に20年とか30年かかるという状況ならば、新旧部門が共存共栄していられる期間も長く、旧部門について意識的に何かを断行する必要はないだろう。

しかしそんなゆとりはないかもしれない。旧部門は不採算で足手まといになるかもしれない。問題は、自分の手で旧部門を切るだけの決断力や「容赦の無さ」があるかだ。

日本の医薬品最大手・武田の創業は江戸時代だったが、成長の契機は戦前・戦後のビタミンC製造と輸出だった。2章で同質財の例として挙げた通り、ビタミンは誰が作っても同じだから製品差別化は困難で、医薬品と比べ利益率も低い。技術革新の余地も少ない、薄利多売ジャンルだ。

それにも関わらず、武田がビタミン事業をドイツのBASFに売却したのは2001年以降のことだった。不採算事業からの撤退を断行するには、事業の「選択と集中」という医薬品業界の世界的潮流だけでなく、カルテル事件に対する欧米の独禁法当局からの刑事訴追と巨額の罰金、そして創業家出身社長による「独裁的な経営スタイル」が必要だったという。

あなたなら「損切り」が出来ただろうか？

「ブラック企業」からさっさと転職できただろうか？

「不機嫌な恋人」に面と向かって別れを告げることはできただろうか？

こう訊かれて一瞬でも考え込んでしまったなら、多分あなたには出来ない。自分がかつて憧れて進んだ専門分野や会社を、自分を励まし育ててくれた先達や同僚を切り捨てることは出来ない。自身の半生を過ごした場所であり、アイデンティティですらある（旧）主力事業を切り捨てることは、あなたには出来まい。

先送りしようと思えば可能なのだ。1年か2年、中期経営計画の5年間、あるいは自分の在任期間中くらいなら「今後の市況動向に注目し」「新技術の潜在力を慎重に見極めつつ」「拙速で軽率な判断は控え」「何事についても周囲との連絡と相談を欠かさず」「他社との戦略的パートナーシップとエコシステムの促成を」「前向きに検討」していれば良いではないか。

誰だって、わざわざ他人に憎まれたくはない。

IBMという会社は、変化の激しいIT・コンピュータ関連業界にありながら、創業100年を超えてなお大手の一角として生き残っている不思議な組織である。元々は①パンチ・カード（紙に穴を開けてデータを記録）、②タイム・レコーダー（タイムカードとセットで出勤記録を取る機械）、③キャッシュ・レジスター、などを作っていた3〜4社が1911年に合併して出来た会社らしい。

まだ電子計算機（現代で言うコンピュータ）が存在しない時代に"International Business Machines"

という新奇な社名を冠し、やがて業務用の大型コンピュータ市場を創出・独占した。「コンピュータといえばＩＢＭ」「ＩＢＭといえばコンピュータ」であった。

にも関らず、２００５年にはパソコン事業を中国の国有企業Ｌｅｎｏｖｏに売却し、ＩＢＭ自らが発明した関連機器であるＨＤＤ事業も、日立に売ってしまった。ハードウェアの製造販売には見切りをつけ、ソフトウェアやコンサルティングを主軸に据えるという趣旨は分かり易いが、それにしても思い切りの良いことだ。

近年のデータ分析・ＡＩ開発レースでは苦戦しているようだが、またじきに面白いことをするかもしれない。自己破壊を繰り返して生き延びてきた、しぶとい老舗である。同社のウィキペディア・ページを読んだら、何かが学べるかもしれない。

難問④　生き延びるためには、一旦死ぬ必要がある

撤退の難しさを述べた前項と重複するが、あなたは映画『プレステージ』（２００６年）を見たことがあるだろうか？

ロンドンの奇術師が人々に「瞬間移動」の芸を披露して好評を博すのだが、実はクローン製造装置で自分のコピーを作って「移動」したように見せる、という仕掛けになっており、しかも複製元の「古い自分」を毎回ステージ下の水槽に落として密かに水死させている、という極

悪なストーリーだ。（クローンが作れるなら、もっとマシな金の稼ぎ方もありそうなものだが、そういうツッコミは置いておこう。）

観客からすると、面白い手品で評判の「成功者」に見えるだろうが、当人は毎回死んでいる。「生き延びている」とか「生まれ変わっている」というポジティブなムードはそこにない。ただひたすら、毎回死んでいく。

ここまでの話で何度も示されたように、生き延びるためには、一旦死ぬ必要がある。しかし生まれ変わった明日のあなたが「今日までとは全くの別人」だとしたら、それは果たして「あなたが生き延びた」ことになるのだろうか？

……とまあ①〜④まで思いつくまま難問を列挙してきたが、こういう寝言を言っているうちは敗死確定であろう。皆様におかれては、それぞれ自分なりのやり方でとにかく生き延びて（あるいは死に続けて）いただきたい。

難問⑤　経営陣と株主の「最適」は違う

というわけで、新事業を育てるのも買うのも一筋縄では行かないし、旧事業をばっさり切り捨てるのも「平均的な日本人のサラリーマン社長」には無理だろう。

猫も杓子も「イノベーション」をもてはやすようになって久しいが、実際の成功事例がアメリカと中国の一部に限られているのには、それなりの理由があるようだ。

また仮に幾多の困難にもめげずに、既存企業が「創造的自己破壊」に獅子奮迅の努力をしたとして、果たしてそれが会社の所有者、つまり株主に本当に喜ばれるのかは、実は疑問である。既存企業が「ジレンマ」を克服したと思ったら、それを株主が祝福しない。

そんなひどい話があってよいのだろうか？

経営者は、社員は、血の涙を流しながらようやく自己革新を成し遂げたというのに？

それはすなわちファイナンスの教科書どおりに「株主利益を最大化」したということではないのか？「市場の声」とやらに一所懸命に耳を傾けているではないか？　褒められこそすれ、責められる謂われはないはずだ。そう思われるかもしれない。

気持ちは分かるが、間違っている。こう言われてもピンとこないかもしれないが、

「既存企業のサバイバル」は、株主にとって最優先事項ではない。

株主とは誰か。

どこか遠くの「悪い金持ち」か？

違う。

株主とは、この本を読んでいるあなたや私のことだ。私たちの貯金や年金こそが、「なんとかファンド」という得体のしれない存在、すなわち「機関投資家」の正体だからだ。

マクロ経済学を学んだことのある人には自明だと思うが、私たちは消費者であり、生産者であり、同時に「投資家」でもある。

「株主」とか「投資家」という言葉を見たら、心の中で「私たち」と変換しよう。ではないと、「資本家vs労働者」という、19世紀の誤った世界観に逆戻りしてしまう。

ではなぜ私たち株主は、既存企業のサバイバルを手放しで喜べないのか？

それは経営陣や従業員が、（私たち株主の利益ではなく）彼ら自身の保身のために、私たちの貴重な年金をムダ使いしているからだ。

なぜ既存企業のサバイバルが「年金のムダ使い」などと酷評されねばならないのか？

その理由は、「共喰い」の容認は「企業全体としての利益最大化・価値最大化」と相容れない場合もあるからだ。

私たち株主にとって、カネに色はついていない。ただ増えてくれればよい。

私たちの預貯金は、運用資産は、ちゃんと育って、子供たちの教育資金となって戻ってきてくれるだろうか？　私たちが稼いだ給料や毎月積み立ててきた年金は「健康で文化的な最低限の老後」を保証してくれるだろうか？

答えは誰にも分からない。

だが一つ確かなのは、投資先の既存企業が、製品間の共喰いを是認してわざわざ旧事業の死期を早めたりすれば、「旧事業用に投資してきた株主資本はムダになってしまう」ことだ。

ではなぜ経営陣は、私たち株主の損になるような真似をするのか？

その理由は、彼ら自身が路頭に迷いたくないからだ。彼らにも誇りと未練がある。そして彼ら自身の子供たちと彼ら自身の老後のためには、今ここで仕事を失うわけにはいかない。

しかし私たち投資家にとっては、イノベーションに成功して生き延びるのは、別にどの会社でも構わない。既存企業が旧技術とともに滅亡するというなら、私たちの子供や老後のためのカネは「新世代の有望株」に振り向けたらいい。それだけだ。

私たちのカネは、赤の他人や慈善事業のためにあるわけではない。まずは私たち自身を養う必要がある。どこかの死にかけた会社の延命措置に使う余地はない。

このように、私たち株主と既存企業の利害は、必ずしも一致しない。

「イノベーションを推進！」と言えば聞こえはいいが、それが誰にとっての得で、誰にとっての損なのか、しっかり考えないと分からない（しっかり考えても分からないときもある）。

次章は、いよいよ最終章だ。

本章の最後になって急浮上してきた「誰にとっての得なのか?」というテーマを掘り下げる。「社会全体にとっての損得」についても考えよう。世界人類をよりハッピーにするような政策は見つからないかもしれないが、そういう雲をつかむような「問い」について「しっかり考える」ための道具と材料は出揃っている。行けるところまで一緒に行ってみよう。

第11章 ジレンマの「解決」（下）

Chapter 11 "Solving" the Dilemma (II)

前章では創造的破壊の当事者、とくに「ジレンマ」の渦中にある既存企業に焦点を当て、サバイバルの方法を検討した。

- 問題の根が「共喰い」にある以上、生き延びるためには（旧）主力部門を切り捨てる覚悟が必要である。
- 新事業を見つけ、育て、成功させねばならない。

「損切り」と「創業」。事の本質はこれだけである。

言うのは簡単だが、実行するのは茨の道だ。だからみんな「言い訳」を探す。やたら「勉強会」や「会議」や「検討委員会」を開きたがる。

新しいマネジメント用語が生まれ、消えていく。どうでもいいビジネス書が書かれ、読まれ、忘れられていく。

しかし、ことイノベーションやサバイバルについて言えば、「損切り」と「創業」以外の話題を語ったり、個別事情を忖度するのは時間の無駄だ。もしあなたが本気なら、やめておこう。そういうのは一見「前向きな努力」のようだが、実は「全力で尻込み」しているだけだ。本当の問題はシンプルなのだから、現実から目を背けるのは止めて、死に直面する肚を決めよう。

こと経営に関して私が言えることは以上だ。幸運を祈る！

木を見る、森を見る、世界を見る

さて前章の終盤で触れたとおり、1つ1つの会社をよく見ると、経営者や従業員と、株主の利害は対立することもある。

「会社は誰のものか？」みたいなセンチメンタルな問いはどうでもいいので「検討委員会」の人たちに任せるとして、いかなる組織も集団も、一枚岩ではない。誰かの「必死の延命策」が、別の誰かにとっては「ただの迷惑」でしかないということもある。

同様に、「国」や「地域」や「民族」といった社会的な単位も、やはり一枚岩ではない。だから「たとえば「日本の国益」と「日本系企業のサバイバル」を混同すべきではないし、「既存企業」を守ろうとするあまり「新参企業」や「創業者」の芽を摘んでしまうようでは本末転倒だ。木だけではなく、森も見よう。山河を、大陸を思い描こう。

- 本章では「現存する個別企業」だけでなく、「まだ存在すらしていない新参（未満）企業」、そしてそれら全ての集合体である「産業」について考える。
- また企業・産業という生産者・売り手・供給サイドだけでなく、消費者・買い手・需要サイドにあたる「他の全ての企業・産業・個人」も考慮する。
- そして以上の全てをひっくるめた一国経済と政府の役割、さらには国々の集合体である世界全体へと、一気に視野を広げよう。

目の前に病人がいれば何とかしてあげたいと思うのは自然だし、人命救助は尊い仕事かもしれない。だがそんな目先の話よりも重要な論点があるかもしれない。

「イノベーションを促進」する政策

ここからは供給サイド(企業)だけでなく、需要サイド(消費者)、そして市場のルール(政府)も登場した、三つ巴のストーリーになる。

イメージがつかみ易いように、具体的な政策を例にとってみよう。

「イノベーションを促進するために、政府はどのような政策を実施すべきだろうか?」という課題設定をする。そういう政策目標自体が正しいのかどうか、本当は相当議論の余地があるのだが、話の糸口としては手頃だろう。

この「問い」は大変ポピュラーである。世界中の政府が「イノベーション政策」を語り、国家予算をつぎ込んでいる。しかしその多くは失敗に終わっている。たとえば「九州を日本のシリコンバレーにする」企画や、各種補助金とかである。

官製ファンドを作ってベンチャー投資家ごっこをするのも流行したが、情報戦や実戦的ノウハウの提供は「お役所仕事」や「利権(分配)政治」の対極に位置するジャンルだ。官僚機構や田舎政治家には不向きな仕事である。結局「ゾンビ企業に税金をふりかける」「地元に新幹線を誘致する」「東京でもう一度オリンピックを!」くらいしか出来まい。

時間とカネと労働力の無駄だし、悪い副作用もある。

ベンチャー投資に詳しいジョシュ・ラーナー氏というハーバード・ビジネススクールの経済

図表11-1　ステップ⑤では、政策の効果をシミュレーションする

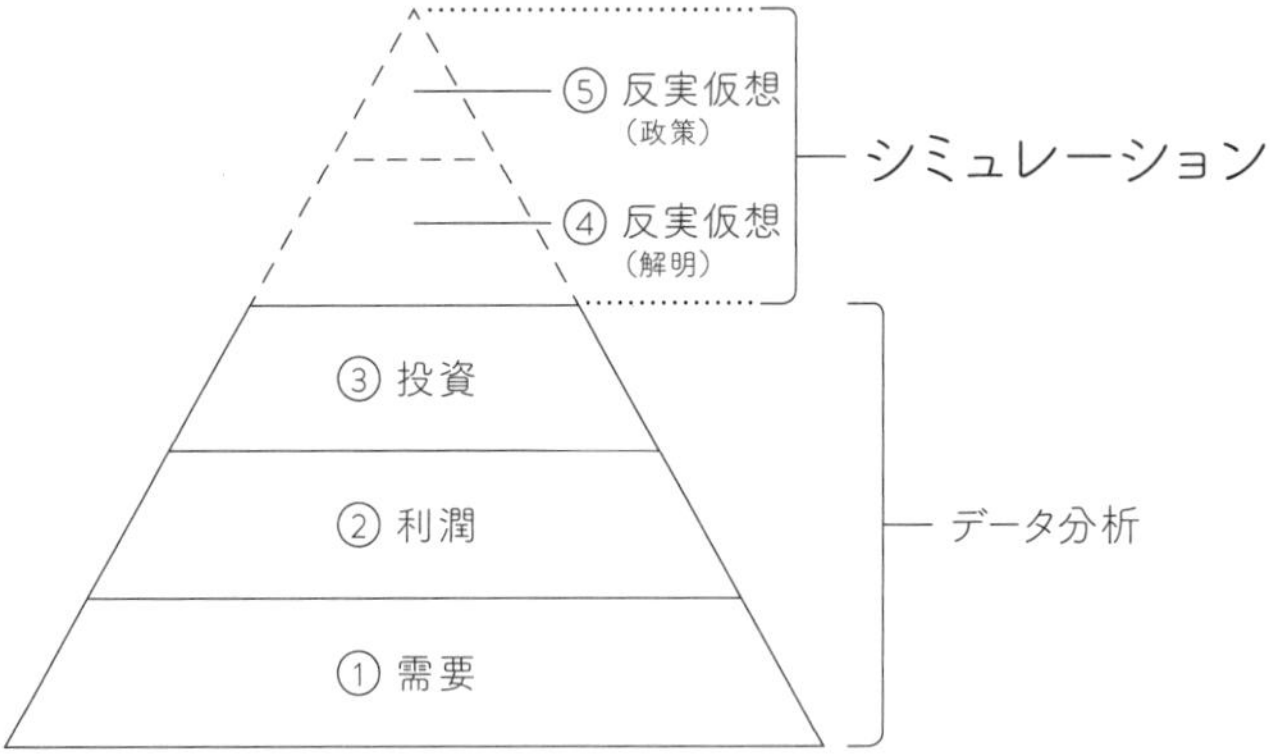

学者が書いた *Boulevard of Broken Dreams: Why Public Efforts to Boost Entrepreneurship and Venture Capital Have Failed? and What to Do About It*（2009年）という素晴らしい本があるので、公共政策に関心のある人は読むといい。世界中の「イノベーション促進政策」の失敗例と教訓がまとめられている。

ラーナー氏も「特に日本政府の人間は是非読むべきだ」と真剣に薦めていた（日本の失敗例も多いからだ）。和訳は出版されていないようだが、わが国のエリート官僚や政治家（そして有権者）の多くは大学教育を受けているのだから、この程度の一般書は容易に読みこなし、血肉と出来るはずだ。

「補助金」や「投資ファンド」系の政策（の失敗の本質）については前掲本に学んでいただくとして、本節ではもっと根本的な制度変更を構想してみよう。

具体的には「特許制度のルール変更のインパクト」を反実仮想シミュレーションする。私たちの研究ステップもついに第5層に到達した。これでようやく最終段階である。6章から9章までかけて頑張って積み上げた「構造解析」の最終目標は、まさにそうした大規模現象・政策変更の模擬実験だ。

特許

特許（パテント）というのは、登録商標（トレードマーク）や著作権（コピーライト）とならぶ「知的財産権」の1ジャンルで、発明家に対して国から与えられる特権である。具体的には「その発明を用いた商売」を20年程度（期間は国によって異なる）のあいだ独占してもよい、という権利だ。

昔は塩や煙草が貴重な税収源として国の「専売特許」だったのと同様に、近代イングランドにおける特許制度も、当初は発明とは直接関係がなかった。ただの「特殊権益」である。

しかし現代の特許制度の目的はイノベーションの促進だ。新発明からの独占利益という「ご褒美」をチラつかせることで、研究開発活動へのモチベーションを高めよう、という趣旨である。

「特許システムを強化すれば、イノベーションが増えるのではないか？」

そう考える人がいても不思議ではない。経済学でも標準的な考え方である。このアイディアを反実仮想シナリオとしてシミュレーションしてみよう。

- 本当にイノベーションは増えるのか？
- それを担うのは誰なのか？
- そして、それは本当に世の中にとって良いことなのか？

これらの「問い」を念頭に置きながら、模擬実験をデザインし、実施する。

さて、コンピュータ・ＩＴ系の業界における特許の存在意義を問う際には、似たような「発明」や製品が乱立している実情を、踏まえておく必要がある。

医薬品のように技術（特定の分子構造とその製法）と製品（クスリ）がハッキリ対応しているケースとは違って、１つのＩＴ製品には、何千という部品や要素技術が使われている。「新製品」と「新技術」と「新特許」のあいだの関係は、１対１対１の形でキレイに対応はしていない。どのメーカーも似たような事をやっているし、多かれ少なかれ誰もが他社の特許を「侵害」している。まずは、ジャングルのような状況を想像していただきたい。

というわけでシリコンバレー系の業界は基本的にジャングル状態なのだが、業界全体で製品規格を統一しないといろいろ不便が多いのもまた事実。たとえばCPUとメモリとHDDとインターネット接続といった主要部品間で連携がとれないようだと、コンピュータは使い物にならない。「ディスクの直径は5・25インチか3・5インチ」といった物理的なサイズ規格もしかり。最低限の「業界標準」が必要である。

そうした基本的な仕様は、数年先までの展望（技術ロードマップ）を含めて、ある程度まで業界団体の会合において示し合わせているものだ。

ところがHDD業界においては、業界標準そのものを「自分の発明」だと主張する者が現れた。IBMのスコットランド工場が分離独立して出来た、ロダイムというメーカーだ。

ロダイムの戦い

1986年にロダイム社は

「3・5インチHDDという新製品は我が社の発明である」

と言い出し、アメリカで特許を取ってしまった。しかも主要メーカー各社を「特許権侵害」の廉《かど》で訴え始めたのである。

これにはみんな驚いた。

「ディスク直径3・5インチ」という次世代HDD（当時）の仕様は、業界内の共通認識に過ぎず、別にロダイムがHDDを発明した訳ではない。しかも田舎の弱小メーカーに過ぎないロダイムが、大手各社に訴訟をふっかけてきた。

HDDを発明した張本人であるIBMや業界首位のシーゲイトは、逆にロダイムを訴え、とことん法廷で戦う構えを取った。

しかしその他の大手・中堅メーカーの中には、「賠償金」を払って「示談」に応じる会社も多かった。アメリカにおける高額の裁判費用を避けたいという懐事情もあるが、万一敗訴した場合には、裁判所から営業停止命令が下される可能性もゼロではなかったからである。

この訴訟は1988年に、特許案件専門の高等裁判所（連邦巡回区控訴裁判所）に場を移した。その後も長丁場の戦いとなったが、1995年頃にはロダイムの敗色が濃厚となった。事の発端だった「3・5インチHDDの特許」が「無効」と判定されたのだ。ロダイムの特許が無効になれば、損害賠償も営業停止処分も、ロダイムの主張は全て根拠を失う。

90年代には最早まともな営業活動は行っていなかったロダイム。懲りずにその後もライバル各社の門戸を叩いては「特許技術のライセンス料」を要求して回る、ヤクザか亡霊のような存在と化していった。しかし訴訟費用がかさんで破産。今でいう「パテント・トロール」（自社では製造も販売も行わず、特許訴訟とライセンス料で稼ぐ業態）の走りだった。

イノベーションは大事だし、発明者の権利を守るのも大切なことだ。しかし「知的財産権保護」の実態は、闇夜の乱闘のようだ。「正当」な主張をしているのは誰なのか、誰が何を「発明」したのか、そもそもそれは「発明」の名に値するものだったのか、真相は藪の中である。

そんなわけで

「知的財産権を保護して、イノベーションを促進しましょう」

という正論は、ドロドロした現実を前に、実効性が怪しくなってくる。こういう場所に学者が出て行って正論を語っても、無知をさらけ出すリスクが高い。

政策シミュレーション①：「事後承諾」型の知的財産権

ここまで現実が錯綜してくると正直うんざりするが、めげずに分析しよう。現実が錯綜しているからこそ、論理の鉄串を1本か2本しっかり通し、雑多な主張と事実、それに社会にとって望ましい方策を交通整理することには、値打ちがあるからだ。そして論理に基づいた「ルール変更のインパクト」のシミュレーション自体にも、面白味がある。

では、どのような反実仮想シナリオを設計すべきだろうか？

「3・5インチHDDの特許」というロダイムの主張は大それているが、面白い。この主張が裁判所で退けられるまでには10年の月日を要したわけで、「もっとロダイムに有利な判決が下っていた可能性」も、あながち非現実的とは言い切れまい。

そこで「もしもロダイムの主張が通っていたら」という仮想シナリオをシミュレートしてみよう。もしも「3・5インチHDDの特許」なるものが認められていたとしたら、イノベーションへの促進効果を期待できたのだろうか?

「政策効果の測定」というのは、ちょうど「医薬品やパラシュートが人の生死に及ぼす影響の因果関係を突き止める」のと同じような実証課題である。そこで

(A)「3・5インチHDDの特許」が存在しないケース(現実)

(B)「3・5インチHDDの特許」が存在するケース(反実仮想)

を比べることで、「特許の影響」を測ることにしよう。

図11-2が、反実仮想シナリオのシミュレーション結果だ。

1988年に米国の裁判所がロダイムの主張を認め、他社の3・5インチHDD事業を営業停止に追い込んだ場合、翌1989年以降は、ロダイム1社が新技術を(合法的に)独占する。

「木だけではなく森も見る」という本章の趣旨に従い、この判決で誰が得をし損をするのかを整理してみよう。

- まずロダイムは、独占利益を稼げるので得をする。

図表11-2　特許政策シミュレーション①（事後承諾）

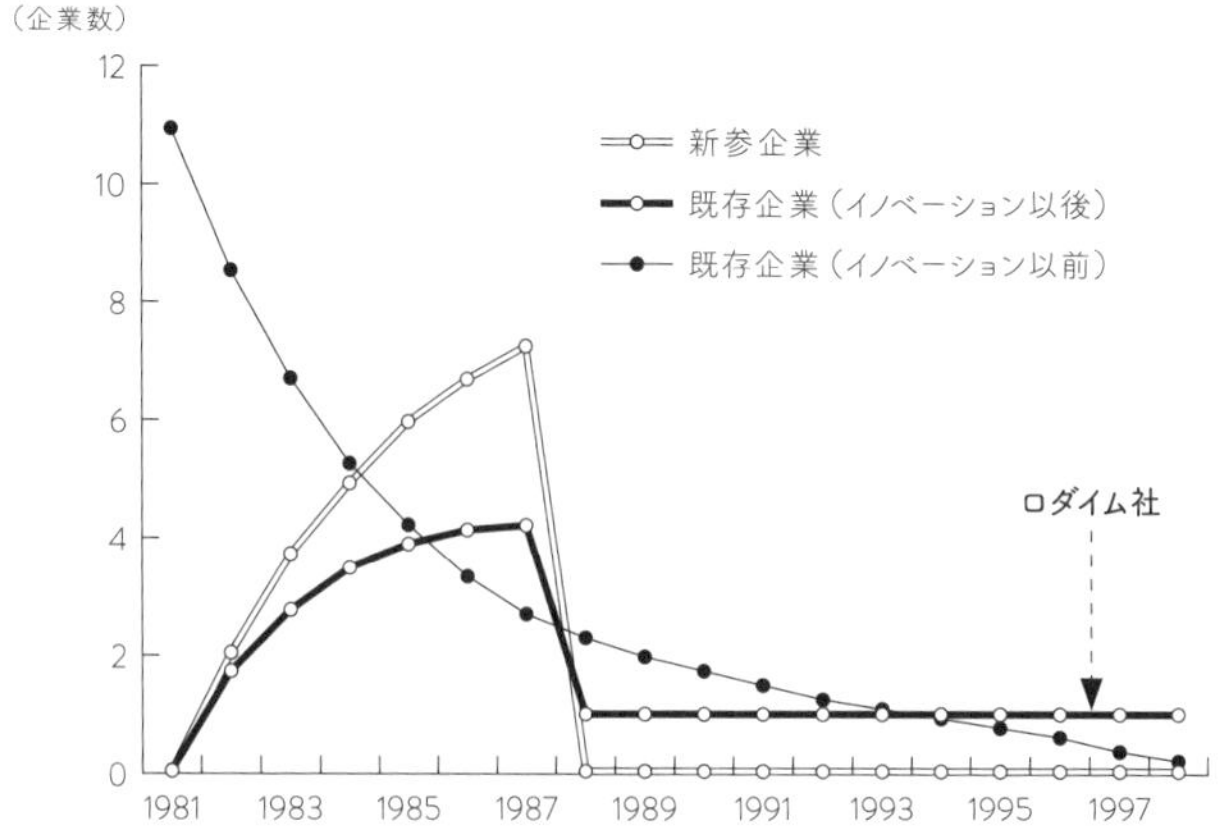

- 一方ライバル各社は、新製品導入の努力が水泡に帰して大損である。
- また、起業家たちが新参企業を立ち上げて参入する可能性も、１９８９年以降はゼロとなる。

……このように、業界内つまり「供給サイド」の損得は明白である。独占企業ロダイムが得をし、それ以外の全社が損をする。３章で学んだように、競争がなくなった分だけ業界全体での利益（経済学用語では「**生産者余剰**」ともいう）は増えるが、それらは全額ロダイムのものだ。

それではＨＤＤの買い手、つまりパソコンメーカーや消費者ら「需要サイド」はどうだろうか？

１９８８年までは複数のＨＤＤメーカーが

競争していたので、新型HDDも旧型HDDも、安価に入手できた。しかしロダイムの特許が認められてからは、1社独占の市場構造に急変してしまう。

- HDDは大幅に値上がりし、その分パソコンも割高になる。
- 結果として、IT関連の設備投資を諦めざるをえないユーザー企業が出てくるだろう。
- 同様に、一般家庭へのパソコンの普及も遅れるだろう。

よって「HDD以外の全産業」と「一般家庭・個人消費者」にとっては、大損害である。前述の「生産者余剰」が増えたのと対照的に、「**消費者余剰**」は激減したことになる。消費者余剰とは、要するに「おトク感」のことだ。

生産者（HDD企業）にとっての「余剰」（利益）が

ベネフィット（収入） − **コスト**（費用）

だったのと同様に、消費者（ユーザー企業と個人）にとっての「余剰」（おトク感）も

ベネフィット(効用) − コスト(支出)

のように整理できる。

言い換えると、「HDDから得られる幸福感・利便性」(効用)マイナス「HDDを買うのにかかる値段・コスト」(支出)が、需要サイドにとっての「純利益」に当たる。(ちなみに「効用」は、「ささやかな幸せ」くらいの意味の経済学用語である。)

詳しくはミクロ経済学の入門書を当たっていただきたいが、消費者余剰は(そして消費者余剰と生産者余剰を合計した「**社会厚生**」は)、経済全体のパフォーマンスを評価する際に経済学者が重視する指標の1つである。

「すべての経済活動は、このおトク感を高めるために存在する」

というのがクラシックな経済学の価値観だ。

これに比べるとGDP(国内総生産)などは雑然としており、明晰さを欠いた統計なのだが、一国全体の経済活動をマクロ的に集計するとなると、どうしても大ざっぱな数字に頼らざるを得ない。仕方なく使っているだけである。

というわけで社会全体での損得を整理すると、

①「生産者余剰」は独占化によって増大したが、
②そのせいで「消費者余剰」は激減した。
③社会全体の総余剰、すなわち「社会厚生」（＝生産者余剰＋消費者余剰）の増減に目を向けると、
①よりも、②のインパクトが大きいので、差し引き「赤字」である。

私たちはＨＤＤの世界市場を分析しているから、ここで言う「社会」とは日本やアメリカやスコットランドだけでなく、世界全体のことである。もしもロダイムの主張が通っていたら、人類全体が損をするところだったのだ。

ではこの特許制度がもたらす、イノベーションへの影響はどうだろうか？

特許制度の眼目は「研究開発投資の促進」にあったはずだが、残念ながらこの政策によってイノベーションが増加することはない。

「１９８８年以前に各社が行った投資」はもはや「埋没費用」であって、注ぎ込んだ資金は今さら返ってこない。また、１９８９年以降は新製品ジャンルそのものが法的に独占されてしまっているので、ロダイム以外の会社が研究開発をしても、それはムダな努力だ。

よって当政策のイノベーション促進効果は、ゼロである。

どうしてこんな酷い事になってしまったのだろうか？

この政策（判決）は、特許の意義を履き違えてしまったようだ。

特許が約束する「合法的な独占利益」は確かに魅力的な「ご褒美」だが、それは研究開発レースが始まる前の時点でアナウンスされている必要がある。そうすると、「リッチになる未来」への期待が、イノベーターを駆り立てる。

ところが、「事後承諾型」の特許政策においては、「ご褒美についての事前的なアナウンス」は何一つないまま、

「ロダイムが１９８８年に突如特許を主張し、それが法的に有効となる」

というサプライズが事後的に発生してしまっている。

これではただの不意打ちだ。将来に向けた各社の努力を促す効果は、皆無である。すべての投資が行われた後になって、「ロダイム以外は強制的に失格」という判決が天下り式に降ってきてゲーム・オーバー。これでは継続的な努力など喚起できない。

このシミュレーションから私たちが学ぶべき教訓は、

「事後的な競争排除は、百害あって一利なし」

ということだ。

政策シミュレーション②：「事前告知」型の知的財産権

では、特許制度そのものが無意味で、逆効果で、人類を不幸にするのだろうか？　そうとは限らない。前節のシナリオは「悪い政策介入」の典型例だが、もうちょっと特許制度の「本旨」に忠実な政策シナリオも構想できる。

特許が体現するご褒美は、「よーいドン」で開発レースが始まる前に、用意されている必要がある。だから本来あるべき特許の姿とは、「1988年に突然発生するサプライズ」ではなく、パソコン市場が誕生する1981年よりも前の時点で周知された「未来志向のご褒美の約束」だ。

ゲームの最初から「勝利条件」（新技術の第1発見者、第1申請者になること）と「報酬」（新製品ビジネスの独占）を明確にしておくのである。そして敗者が受ける仕打ち（新製品からの締め出し）も法的にハッキリしている。グズグズしがちな既存企業とて、初年度から本気で新製品を投入せざるを得ない。

このような「事前告知」型の政策ならば、イノベーションのスピードが早まるかもしれない。図表11-3は、そうした「事前告知」型の特許ルール（または開発コンテスト）が設定され、業界中に周知されたケース。前節よりも洗練された政策の、反実仮想シナリオである。「投資の抜け駆けゲーム」が始まる1981年当初から、既存企業は、アクセルを全力で踏み

図表11-3　特許政策シミュレーション②(事前告知)

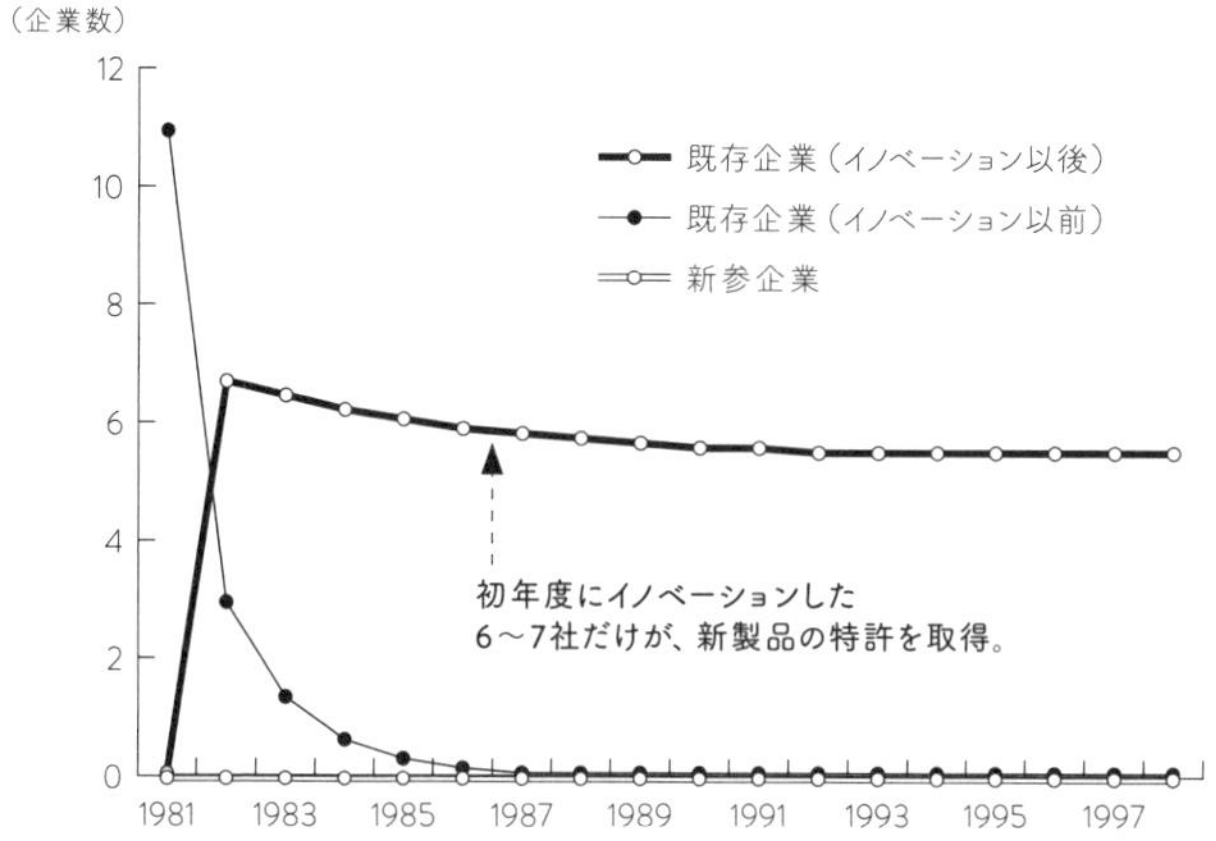

抜く勢いで新製品を投入するだろう。グラフを見ると、過半数の既存企業が初年度から3・5インチHDDを生産しており、新参企業の出る幕はない。初年度にイノベーションを敢行した6〜7社の既存企業が、そのまま90年代末にいたるまで市場を支配している。「事前告知」型の特許制度によって、社会全体としてもイノベーションのペースが劇的に早まったように見える。

ただし「この政策は素晴らしい」という結論に飛びつくのは、まだ早い。

多くの学者や政策担当者が失念しがちだが、イノベーションは「手段」であって、「目的」ではない。イノベーションをただ早めれば良いというものではない。技術革新の「ベネフィット」と「コスト」を最善のバランスで成立させること。社会全体にとっての「おトク感」を高めること。それが唯一最大の目的である。

ここで改めて木だけではなく、森と山河を眺望しよう。

このシナリオで得するのは誰か？

社会全体にとって望ましい政策と言えるのか？

前節と同じく「生産者余剰」と「消費者余剰」、そしてそれらの合計である「社会厚生」を計算してみると、現実シナリオ（3・5インチHDD特許は無効）と比べて、社会厚生が向上していることが分かった。

……ただしその改善は、僅か0・5％程度。ほぼ誤差の範囲内である。

なぜ効果が小さいのか？

この政策のインパクトを「需要サイド」と「供給サイド」に分解すると、

• 消費者（需要サイド）はハッピーである。初年度から、複数メーカーが提供する新旧両タイプのHDDを買うことが出来る。しかも競争のおかげで値段は安い。ただし、新規参入がゼロになってしまうのは残念だ。毎年ではないが、現実シナリオよりも「市場の競争度」が劣ってしまう時期もある。そういう副作用のせいで、消費者余剰は大幅改善までには至らない。

• 生産者（供給サイド）にとっての損得は微妙である。既存企業は、「イノベーター第1期生」

にならない限り敗死する、という過酷な新ルールに直面する。そのせいで、1981年という「時期尚早」な段階（新製品への需要がまだ十分大きくなっていない）にも関わらず、巨額の投資を強いられた格好だ。「余計な努力」をさせられたムダのせいで、業界全体では、生産者余剰が増えたとは言い難い。

社会厚生の伸びがイマイチとなった理由は、つまり「社会的にベストのタイミング」（そここそ新製品への潜在的需要が高まってきた頃合）よりもかなり早期のタイミングで、投資を無理強いしてしまった点にある。

なかなか上手くいかないものだ。

「創造的破壊」の真意

さて、理念に忠実な「事前告知」型の特許政策ですら私たちの「幸福」を増やしてくれない、という「残念な分析結果」を、どのように受け止めたら良いのだろうか。

政府の無能を嘆くべきだろうか？

本書を丸々1冊かけて皆さんにお伝えするのが

「なかなか上手くいかないものですよね」

「やっぱり物事ってなるようになってるんだね〜」みたいな、誰もが思っている「当たり前」の解答だったということは、つまり研究自体が時間の無駄だったのだろうか？

私はそうは思わない。むしろ喜ぶべき発見である。

「理論通りのルール設定をもってしても、現実のＨＤＤ業界のパフォーマンスを上回れない」という事は、逆の見方をすれば

「現実のＨＤＤ業界は、改善の余地がないくらいに素晴らしいパフォーマンスを発揮してきた」という事でもある。

ことＨＤＤ業界に関する限り、アメリカや日本の政府があれこれ政策介入した様子はない。またＩＴ業界のご多聞にもれず、特許制度が殊更うまく機能しているわけでもない。

例外としてヨーロッパ、特にフランスとイタリアの政府は自国企業優遇政策や経営への口出しを頻繁に行った形跡があるが、かえって傷口を深めたようである。90年代末には欧州系ＨＤＤメーカーは綺麗に全滅している。

「当たり前の解答」ということで言えば、大概の「真面目な解答」は、言われてみれば当たり前に聞こえるものだ。仮に、私がこれとは正反対の結論を提示していたとしても、（たとえば、「やっぱり政府がバンバン税金を投入しないと、私たちの生活は良くならないですよね〜」等々）それはそれで「当

たり前」に響いていたことだろう。

「結論」や「解答」そのものに、大した価値や面白味はない。そうではなくて、

- そもそもの「問い」、
- その煮詰め方、そして
- 何を「根拠」に、いかなる「意味」において、その「答え」が言えるのか、

つまり「どんなことを、どんなふうに考えながらそこに到達したのか」という「道のり」こそが、一番おいしいところであり、大人に必要な「科学」というものだ。

「企業・産業はお上（政府）が監督してナンボ」という発想の強い、日本や中国や（大陸系）欧州の文脈からすると、不思議に聞こえるかもしれないが、

「長い目で見ると何故かうまく行っている」

ような展開こそが、シュンペーターの語った「創造的破壊」のダイナミクスであった。（もちろんすべての時代のすべての産業でそうなるという保証はない。ケースバイケースで分析が必要である。）弱肉強食の自由競争の結果として、既存企業による市場支配が強まることは多々あるが、それでもなお技術革新が途絶えず、何かしらの競争が維持されている。

それはひとえに、起業家による新規参入や新技術の導入のお陰である。

だからこそ、（たとえば前章のように）既存企業のサバイバルや保護にばかり焦点を当てた経営論や政策論は警戒し、回避するべきだ。

目に見えるものばかり見ていると、大事なものに気付かない。

いま目の前にいる者（既存企業）ばかり見ていると、これから生まれてくる世代（新参企業、または企業となる以前の存在＝起業家）のことを失念してしまう。

だがイノベーションというのは本質的に未来の話であり、将来世代の話なのだ。

諸行無常も盛者必衰も、決して悪いことではない。

本書のまとめ

話が大きくなったところで、そろそろ本書のマトメに入ろう。

私たちの発見は、次の3点に要約される。

①既存企業は、たとえ有能で戦略的で合理的であったとしても、新旧技術や事業間の「共喰い」がある限り、新参企業ほどにはイノベーションに本気になれない。（イノベーターのジレンマの経済学的解明）

②この「ジレンマ」を解決して生き延びるには、何らかの形で「共喰い」を容認し、推進する必要があるが、それは「企業価値の最大化」という株主（つまり私たちの家計＝投資家）にとっての利益に反する可能性がある。一概に良いこととは言えない。（創造的「自己」破壊のジレンマ）

③よくある「イノベーション促進政策」に大した効果は期待できないが、逆の言い方をすれば、現実のＩＴ系産業は、丁度良い「競争と技術革新のバランス」で発展してきたことになる。これは社会的に喜ばしい事態である。（創造的破壊の真意）

私たち個々人の直面する問題の多くも、案外似たような構図をしているものだ。

本書の直接の研究対象は企業や産業だし、後半のケーススタディはＨＤＤ業界史に特化したものだ。しかし、分析過程で触れてきた概念やロジックや実証作法は、身の回りのいろいろな事柄に応用が利くだろう。

企業や株主や政府というのは、一般に思われているほど、私たち個々人から遠く離れた存在ではない。多くの企業の所有者は、究極的には私たち自身（あるいは私たちの雇った資産運用業者）だから、「株主」とは私たちのことである。

同様に、「政府」とか「政策」というのは、「私たちが選出した」「私たちの代表人物」が「私たちの税金を使って」行う物事だから、これまた結局私たち自身のことである。

そしてもちろん「買い手」（需要）も「売り手」（供給）も、私たちが場面に応じて違う役割を演じているだけだ。すべては私たち自身のことなのである。

こういうふうに視点を変えていくと、世界が随分違って見えてこないだろうか。普段私たちが目にするニュースや評論が、随分と見当外れの「議論」と「反響」と「感情」を量産しているだけだと気づくかもしれない。

私たち1人1人に与えられた時間も能力も限りがあるから、すべての物事について深く考えるのは無理だ。

しかし、あなたにとって本当に大切な事柄については、肝心なときにじっくり考えられるようになっておくといい。そのための素材や読書体験を本書が提供できていたら嬉しい。

巻末付録

読書案内

Book Guide

本書に関連するオススメの本を幾つかピックアップした。関心に応じて順不同に楽しんでいただきたい。

①『ミクロ経済学の力』（神取道宏著、2014年、日本評論社）

予備知識なしで経済学の本質的な内容を「一から、かなり高度な内容まで、これだけ読めば必ずわかる」ように特別に工夫して書かれた本。世界的ゲーム理論家が一言一句しっかり吟味した日本語で書いており、読み味豊か。私もこの先生からゲーム理論を教わった。

②『レヴィット　ミクロ経済学　基礎編』（スティーヴン・レヴィット他著、2017年、東洋経済新報社）

アメリカの実証家がアメリカの学生向けに書いた教科書。著者の1人チャド・シヴァーソン氏は「生産性」研究の第一人者。登場する実例が独特で面白い。和訳も読みやすく、監訳は大阪大学の安田洋祐氏（研究・教育・普及のすべてを高水準で達成している人は世界でもレア）なので安心だ。

③『「原因と結果」の経済学　データから真実を見抜く思考法』（中室牧子・津川友介著、2017年、ダイヤモンド社）

気楽に読めるデータ分析の入門書。巻頭から一気に引き込むスピード感が素晴らしい。本書5章（実証分析の3作法）で強調した「相関と因果は全く別物」という最重要ポイントを骨の髄まで叩き込んでくれる。

④『計量経済学の第一歩　実証分析のススメ』（田中隆一著、2015年、有斐閣）

⑤『実証分析のための計量経済学』（山本勲著、2015年、中央経済社）

自分で実証分析をするつもりなら、教科書的な知識も必要だ。④は実践的ガイドとして1冊目にオススメ。⑤はさらに「離散選択モデル」や「最尤法」などもカバーしており、理論と実証の融合に進む上で2冊目にオススメ。

⑥『イノベーションのジレンマ』（クレイトン・クリステンセン著、2001年、翔泳社）

言わずと知れた本書の元ネタ。本書読了後に読むと、物の見方が立体的になる。その上で本書を再読すると、また新たな発見があるだろう。なお原題は *The Innovator's Dilemma* なので、本書では『イノベーターのジレンマ』と記している。

⑦『パラノイアだけが生き残る　時代の転換点をきみはどう見極め、乗り切るのか』
（アンドリュー・S・グローブ著、2017年、日経BP社）

インテル社・元CEOの体験談。4章（能力格差）で紹介した通り、インテルはかなり恵まれたケースだったから、一般論としてどこまで参考になるかは不明だが、いずれにせよ当事者の話を聞くのも面白い。

⑧『資本主義・社会主義・民主主義』（J・A・シュムペーター著、1995年、東洋経済新報社、日経BPクラシックス版もある）

シュンペーターが「創造的破壊」を語ったのはこの本の第2部。きちんと読むと彼がクールノーやベルトランによる不完全競争理論も踏まえていたことが分かる。シュンペーターや「イノベーションの経済学」について「紹介」「解説」している本は多いが、勘違いが目立つので、原書に触れるのが早道だし間違いがない。

⑨『経営の経済学』（丸山雅祥著、第3版・2017年、有斐閣）

経営戦略に関わる経済学がまとまった入門書。企業と産業の経済学である「産業組織論」になじみのある読者は少ないだろうが、これを知らないまま大学を卒業してしまうのは勿体ない。①か②を読んだ人は、基礎部分を飛ばしながらスピーディーに読めるだろう。

⑩『競争の戦略と政策』（柳川隆・川濱昇編、2006年、有斐閣）

産業組織論は（不完全）競争をまじめに分析するので、独占禁止法や競争法という政策分野とゆかりが深い。たとえば個々のM&A案件を（社会として）許可すべきか、談合をいかに発見するか、といった「問い」と関わる。

⑪『新しい産業組織論　理論・実証・政策』（小田切宏之著、2001年、有斐閣）
⑫『産業組織の経済学　基礎と応用』（長岡貞男・平尾由紀子著、第2版・2013年、日本評論社）

若干ゴツゴツしているが、これらは本格的に産業組織論を学ぶための教科書である。

⑬The Economist

イギリスの週刊ニュース誌。「大英帝国」目線で世界中の経済・政治ニュースをまとめている。日本やアメリカのメディアにばかり触れていると目が曇る。巻頭の2ページに「今週の出来事」が要約されているから、そこだけは必ず目を通そう。私は15年前から定期購読している。

英語教材としてのレベルは高いが、この位は大学生のうちに「読み・書き」とも出来るようになっておこう。独学が得意な人には、アルク社の「1000時間ヒアリングマラソン」もオススメだ。日本が「ブラックな国」になった時に、脱出できるようにしておこう。

ところで経済学者は個人ウェブページに記事や論文をまとめていることが多いので、気になる研究（者）を見つけたら検索してみよう。一定水準以上の研究に携わってきた研究者のリストはこちらを参照されたい。

「海外の日本人経済学者」

https://sites.google.com/site/economistsjapan/list

「国内の経済学者」

https://sites.google.com/site/economistsjapan/list2

あとがき

Afterword

週末ごとにコーヒー豆を買いに行く。カリフォルニア発のPeet's Coffeeというチェーン店では豆を0・5ポンド（227グラム）以上買うと無料でコーヒーを1杯くれるので、それをもらって席に着いたら数時間だけ原稿を書く。またボストン市のダウンタウンには京都発祥の「小川珈琲店」があり、和風に焙煎した豆が手に入る。2017年の10月から2018年の3月にかけて、本書はそのようにして少しずつ書かれた。

気の向いた週末にしか執筆しなかった。アメリカの経済学者にとって本を書くことは業績に含まれない。経済学誌に載る研究論文以外は評価の対象にならない。私はまだ終身雇用（テニュア）資格をもらっていない「若手」だから、「本業」以外に時間を割くのは自殺行為である。

そこであくまで「趣味」として、週末の「余暇」時間だけを使って書いた。

ではなぜ、わざわざ日本語で一般向けの本を書こうと思ったか。理由は7つもあるのだが、何よりもまず私の娘は日本で暮らしているので、出版社からお声のかかるうちに、何か日本語で「面白くてためになる」本を書き残しておきたかった。人間いつ死ぬか分からない。大事なことを先延ばしには出来ないと思った。

第2に、研究助手の育成という目的がある。私の研究の1つの「型」を説明したマニュアルを作っておきたかった。助手には「読書案内」に挙げた教科書も読んでもらったが、私の研究は独特なので、結局自作論文を体系的に解説するしかない。

第3に、経済学における「イノベーション研究」の水準を高めたかった。

第4に、私の専門分野であるＩＯ（産業組織論）は、理論・計量・業界知識の総合格闘技。もはや特殊技能の世界になっており、分野外の経済学者からは敬遠されている。もったいない話だ。そこで、誰にでも分かる実証ＩＯと構造推計の「実演販売」をしたかった。特に「どんな事が出来るのか」「なぜそんな面倒な方法を使うのか」「実際にどうやって分析を進めるのか」を丁寧に解説しようと思った。また詳細はさておき、その「考え方の大枠」を全ての人に知っておいてもらいたかった。

第5に、本書の元となる博士論文のテーマは（私自身にとって面白いのは勿論）「経済や経営に関心のある人なら、誰でも自然と興味を持ってくれそうな、王道ネタにしよう」と選んだ。2009年の秋の事である。完成に3年、学術誌に投稿して（ボツになったり改稿を繰り返しながら）受理されるまでに3年、掲載号が刊行されるまでに更に2年、計8年かかった。ところが完成品を実際に読んで（しかも理解して）くれる人は世界に100人くらいしかいない。専門的な学術研究とはそういうものだし、気概としては「少数にしか読まれなくても人類史に残る」研究をするために経済学者に転職したわけだが、やはりちょっと寂しい。論文の刊行だけでは「やり残した」感があった。

第6に、その論文が、日本の文部科学省（科学技術・学術政策研究所）による2016年度「科学技術への顕著な貢献」（ナイスステップな研究者）という不思議な名前の賞をもらった。行きがかり上、2017年夏に同省で「創造的破壊と『イノベーターのジレンマ』の経済学的解明」と題した講演を行った。普段の学者向けのプレゼンや学生向けのレクチャーはいずれも英語だから、日本語で講演する機会は皆無なのだが、やってみると実に楽しかった。

第7の理由としては、日本の企業、政府、そして1人1人の読者の方々にとっての「成功」に、微力ながらも貢献したかった。経済的な成功が全てではないものの、例えば19世紀や20世紀の歴史を振り返ると、経済力（や技術力や軍事力）で劣った集団にとって、平和や幸福や繁栄を享受し続けるのは難しいように見える。

まあそういう大義名分はさて置き、さしあたっては「北米の主だった大学町には、必ず日本企業と駐在員家族が数千人単位で住んでいる」くらいには、皆さんに海外進出して頂きたい。そうすれば日本食や日本酒といった特殊な「差別化財」とその「品質」への充分な需要が、それらの町にも生まれる。そうすれば、キチンと美味しいものを供給するスーパーやレストランが、充分な利益を期待して参入してくれる。そうなれば、私は今後どこの大学に移籍しても、その町で充実した食生活を送れるようになる。私的なお願いで恐縮だが、皆様方には是非とも商売繁盛してアメリカ進出して頂きたい。

最後に謝辞を。

文部科学省、科学技術・学術政策研究所の池田雄哉氏と同僚の方々には、本書に繫がる良いきっかけを頂いた。

UCLAではエドワード・リーマー氏、ダニエル・アッカーバーグ氏、ウゴ・ホーペンハイン氏、マリコ・サカキバラ氏、コナン・スナイダー氏、ラファエル・トマドセン氏に本書の基礎となる研究を指導して頂いた。

東京大学大学院経済学研究科では大橋弘氏、市村英彦氏、澤田康幸氏、アントン・ブラウン氏に修士論文を指導して頂くとともに、留学先への推薦状を書いて頂いた。またミクロ・マクロ・計量のコースワークで鍛えて下さった先生方のお蔭で、UCLAでも落第せずに済んだ。世界一線級の学者が集う場は、次世代の人材が育つのに欠かせない。

日興ソロモン・スミス・バーニー（現シティグループ証券）株式調査部の先輩方、特に橋本隆氏と山口秀丸氏には、企業取材、財務分析、価値評価、レポート執筆、プレゼン、顧客への接し方から、波乱に満ちた市場での生き延び方まで、豊かな実例を今に至るまで示して頂いている。

日経BP社の黒沢正俊氏には、書きたい放題な原稿をさりげなく上手にサポートして頂いた。学習院大学の渡邉真理子氏には普段から研究上お世話になっている上、今回黒沢氏を紹介して頂いた。東京経済大学の黒田敏史氏と、大阪経済大学の広瀬浩介氏には、「読書案内」向きの産業組織論の教科書を教えて頂いた。装丁・本文デザインの新井大輔氏には、本文の美しいレイアウトとともに、私の荒唐無稽なカバー案を、読者諸氏にお見せ出来る所まで磨いて頂いた。そして大阪大学の安田洋祐氏には、最強の推薦コメントを頂いた。

中・高・大学時代の同級生（とその家族）である小畑実昭氏、橋詰瑛愛氏、ホラークミハル氏、井上道子氏、juliet Heberle氏、岩渕康二氏、黒柳智太郎氏には、草稿や出版企画自体への率直な感想を頂いた。

助手の阿由葉千星は、常に最初の読者として、励ましと大局的な指針、そして細やかなアドバイスをくれた。

日本で本を出版するこの珍しい機会に、父優、妹なほみ、今秋二十周忌を迎える母はるみ、そして東京第一法律事務所の内野令四郎氏と坂本明子氏に対して、日頃の感謝の気持ちを記しておきたい。

本書を4歳になる娘唯に捧げる。普段から傍におられず申し訳ない。いつも君の事を考えている。この本を読めるようになったら、感想を聞かせてほしい。

2018年3月29日

伊神満

著者略歴

伊神満 *Mitsuru Igami*

1978年、東京生まれ。経済学者。イェール大学准教授、MIT客員准教授。専門は産業組織論、特に動学ゲームと技術革新の実証分析。

2002年、東京大学教養学部（ラテンアメリカ地域文化研究科）卒業後、日興ソロモン・スミス・バーニー（現・シティグループ証券）株式調査部にて建設・住宅・不動産業界を担当。

2007年、東京大学大学院経済学研究科修士。

2012年、UCLAアンダーソン経営大学院博士。イェール大学助教授、スタンフォード大学客員助教授を経て現職。

「イノベーターのジレンマ」の経済学的解明

2018年5月28日 第1版第1刷発行

著者…………伊神 満

発行者………村上広樹

発行…………日経BP社

発売…………日経BPマーケティング

〒105-8308

東京都港区虎ノ門4-3-12

http://www.nikkeibp.co.jp/books

装丁・本文デザイン……新井大輔

製作……………アーティザンカンパニー

印刷・製本………中央精版印刷

ISBN978-4-8222-5573-2

本書籍に関するお問い合わせ、ご連絡は左記にて承ります。

http://nkbp.jp/booksQA